重庆市社会科学规划科普项目

SHENGHUO JINGSHI ZHINAN
SHOUHU NINDE MEIHAO SHENGHUO

生活警事指南

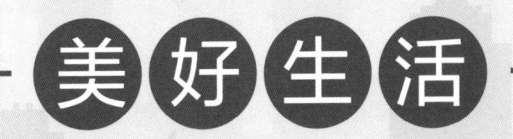

守护您的
美好生活

| 于进勇 ◎ 著 |

中国法治出版社
CHINA LEGAL PUBLISHING HOUSE

事情可不可以不这样

（自序）

从事警察工作十余年，在处理日常生活中可能困扰或伤害普通群众的涉警事项时，我常常不自觉地反思，事情可不可以不这样？

一

穿上警服后，我的第一份工作岗位是道路交通执法。

当听到经验丰富的老警察说，曾经处理过高速行驶的车辆把行人撞碎的交通事故时，刚参加工作的我十分惊讶，人怎么会被撞碎呢？

当听说同事因为长期处理死伤交通事故，白天开车也会习惯性地开启前照灯（近光灯）时，我的第一反应是，不至于吧？

当第一次接触亡人交通事故现场，血肉模糊的情形让我产生了极度的生理不适应，一度想离开现场。但因职责所系，我必须留下维护好现场秩序，推动善后工作。

随着工作阅历的增长，慢慢地，我不再质疑同事的话。我只知道，不遵守道路交通规则，一个人就算再强大，在道路上也是脆弱的，什么事情都有可能发生。

很多时候，在处理完交通事故现场后，我常想，事情可不可以不这样。

二

几年之后，我转岗到了派出所。面对的是不同的工作场景，之前的工作经验全都推倒重来，我得重新摸索请教，再当"小学生"。

制作询（讯）问笔录时，面对盘根错节的细节和言语有所掩饰的当事人，老到的同事抽丝剥茧、因势利导、直陈利弊，很快厘清了事情的脉络，掌握了当事人的心理动因，形成了高质量的笔录。办案势如破竹，我佩服。

调解矛盾纠纷时，面对胡搅蛮缠甚至撒泼打滚的当事人，有经验的同事三言两语、直指要害，很快就稳定了当事人的情绪，最终推动矛盾有效化解。定分止争用巧劲，我服气。

尽管我的工作做得不算好，可或多或少还有点啃硬骨头的意识。我接管不久的社区，曾有两位六七十岁的老太太因物业矛盾和日常琐事，形成两派互相攻击的对立阵营，传单、手抄报、公开信在小区满天飞，纷争久未解决。作了一番分析后，我在晚饭时间后，去强势一方的老太太家中做了一次家访。从晚七点到晚九点，老太太详细述说了整个事情的来龙去脉，也讲了其年轻时候和家人的种种经历，我除引导外，说得很少。末了，老太太硬塞给我两个柑橘，说我的来意她都懂，聊得很愉快，气也顺了，保证以后不和对方计较了。自此，纷争不再起。

由此，我更加懂得，化解复杂矛盾纠纷，法理之外还有人情，有些时候不妨在这方面多花点功夫。

很多时候，在参与完矛盾纠纷调解或案件办理后，我常想，事情可不可以不这样。

三

由于平时喜欢写些"豆腐块"的小文章，我被调到了办公室（警令处）。这是一个需要全局意识和综合协调能力的岗位，从文稿写作、上下协调、综合事务处理等方面开展工作，我第三次当"小学生"。

在最初的工作中，我属于被领导教育帮助比较多的那一类，以致我对自身的"智商""情商"等各种"商"产生了怀疑，不过有一种"商"我却自信满满——"挫商"。能力不够，努力来凑，我承担了许多琐碎的事务，也取得了公安部高级执法资格。

一个除夕夜，我接到电话指令：有大事，明天一早务必赶到单位。于是，大年初一早上6点多，我赶到单位受领任务。这是一个涉及多人的重大案件，数百名警力紧急投入，我在案件调查综合组具体负责会务筹备、信息归集和综合性材料撰写，当天工作到次日凌晨4点多。案件侦办节奏紧张，从大年初一到初六，我基本没有在晚上12点之前回过家，直到案件告破。

还有一个夜晚，凌晨两点多，我在睡梦中被领导的电话叫醒："有大案，你家离现场最近，你先上。"我赶忙穿上衣服，连夜赶往案件现场。这又是一起涉及多人的恶性案件，也注定是一个不眠之夜。在信息收集、案件研判、文稿撰写、后续协调处置等过程我都参与了，也收获了不一样的视角。

常态工作中，我的一项重要工作是办理上级部门的督办事项，其中一部分涉及矛盾纠纷和案（事）件。根据领导工作要求，我需要全程跟进，并撰写综合性的回复办理材料。

不得不说，一些因细微小事引发的矛盾纠纷和案（事）件，有时却需要投入大量的人力、物力和财力去妥善处理。

很多时候，在上报完案（事）件或矛盾纠纷调查处置的综合性材料后，我常想，事情可不可以不这样。

四

在上一个岗位跨越八个年头后，我转岗到了纪检督察部门——公安机关的纪委。回应群众的关切与诉求，维护组织的肌体健康，这是我所在部门的职责所在。

我曾敏感地认为，我的同事们见天地、见众生，就是不愿见纪检督察的同志。毕竟，有谁愿意老是被人"挑毛病"？不过，担心有点多余，我的同事们都保持了高度的职业素养，不管事情属实与否，都尽力予以配合。

从我近年来掌握的举报投诉情况来看，属实的比例不算高，不到十分之一。尽管这只是小样本的情况，不代表全部，但是不管怎么样，我们都要抱着有则改之无则加勉的态度，站在群众角度考虑，做好解释沟通工作，并推动问题解决。当然，对于侵害警察合法权益的行为，也绝不姑息，法律的权威必须维护。

处理群众的投诉和检举工作，是我日常工作的一部分，从中我也学习到了很多东西，其中一项就是要多角度地思考和推动问题解决。

很多时候，在完成与举报投诉群众的沟通后，我常想，事情可不可以不这样。

五

"世事一场大梦，人生几度秋凉？"过了不惑之年后，人生下半场的紧迫感也越来越强烈，虽然我假装把一切看得云淡风轻，但是我觉得我能够也应该做点什么。

一只蝴蝶扑扇几下翅膀，可以引发数千公里之外的一场龙卷风，这或许是科学家实证不了的猜想。然而，日常生活中一些细微的不当言行，却可能会生发出麻烦事或悲剧，这确实可以从诸多治安、刑事案件中得到验证。说到起因，不是蝴蝶扇了翅膀，很多时候是当事人在法律认知上"拿错了工具"。

为此，我以十余年的从警实践和经验为基底进行提炼和创作，通过故事化、场景化的形式，形象地阐释日常生活关于报警、安全防范、矛盾纠纷、案（事）件以及配合警察执法等涉警事项的处理方法。"故事是生活的比喻"，希望通过一个个小故事，为您理性高效地应对日常涉警安全事项提供参考。最终目的只有一个：诚挚希望减少您因矛盾纠纷和案（事）件而烦心的时间，增加您美好生活的时间。

和身边比比皆是的优秀同事们相比，我的经历不值一提。不过，我怀着"小学生"的真诚、谦恭和不知畏，愿意做一些粗浅的尝试，写下自己的经历和感悟，希望与您的智识碰撞，擦出不一样的火花。

我相信日拱一卒的力量，为自己，为家人，为社会上更多良善之人付出努力，期待为这个世界增添一丝微亮。

愿平安与您长相伴，我的警察战线的战友们就在您身边不远处，默默地守护着您……

守护平安的无声力量

（推荐序）

在现代社会中，警察不仅仅是法律的执行者，更是我们日常生活中无处不在的守护者。这本《生活警事指南：守护您的美好生活》通过一个个贴近生活的警事故事，向我们展示了警察在面对各种复杂情况时的冷静与智慧。这本书不仅帮助我们了解警察的工作细节，传达出预防胜于处置的理念，更为我们如何在日常生活中保护自己、帮助他人提供参考。作为一本集警事、生活指导与社会关怀于一体的书籍，它值得每一位关心社会、关心自身安全的人阅读。

本书的作者是一名有着十余年丰富从警经验的人民警察，曾在交通执法、基层派出所、纪检督察等多个岗位上工作。不同岗位的历练，使他对警察工作的每一个细节、每一项职责都有着深入的体察和感悟。通过这本书，作者不仅呈现了警察在执行任务时的专业与果敢，也揭示了警察在处理群众矛盾、化解纠纷时的耐心与智慧；同时通过细致的问答，让读者对如何正确处理与警方的互动、如何有效保护自身安全有了更加清晰的认识。

和同类的普法作品相比，本书有以下几个显著的特点：

一是贴近现实的故事化叙述。本书最大的特点是它的实践性。作者凭借十余年的从警经验，将许多基层警察在日常工作中遇到的情景通过一个个故事栩栩如生地展示给读者。书中的每一个案例都源于生活，无论是盗窃、诈骗，还是交通事故处理，乃至不起眼的日常纠纷，这些情节都让人感到似曾相识，因为它们随时可能发生在我们身边。通过这些故事，作者细腻地展现了警察如何处理各类案件、如何与群众沟通、如何平衡法理与人情。尤其是在调解邻里纠纷时的耐心与智慧，这种柔性执法方式打破了人们对警察"冷酷无情"的刻板印象，展现了警察工作的温情与人性化的一面。

二是角色鲜明，易于共鸣。作者立足执法实践案例，以晓安这一普通市民的经历为主线，通过塑造鲜明的人物和情节，呈现许多读者生活中可能面对的问题。针对读者生活中可能遇到的问题和疑惑，作者以冷静、理智、专业且富有同理心的视角，采取警察普法讲堂的形式进行答疑解惑，加强与读者的互动，让读者不仅可以了解警察工作，还可以增强法律意识和法治思维，学习如何有效处理生活中的涉警问题。

三是实用性强，为人们的日常生活提供安全指南。本书不仅是一部警察故事集，还通过警察普法讲堂，引导我们思考和应对在生活中常见的安全问题。例如，在家中遭遇盗窃时如何保护现场、如何正确报警，在公共场所遇到危险时如何冷静处理等。作者通过这些案例，传授了许多涉及报警、防范诈骗、处理纠纷等方面的实用技巧，使得这本书不仅具有故事性，还具备很强的实用性。尤其是对现代人来说，如何应对新型的电信网络诈骗、如何保护个人信息等问题是非常现实的挑战。这种实用性使得本书不仅适合普通读者，也能成为广大社区、学校、家庭教育的参考用书，有助于提升社会整体的安全防范意识。

四是温情与智慧并存，揭示警民互动的艺术。本书的另一个显著特点是它在情感与智慧之间的平衡。作者通过法律故事和警察法律讲堂的形式，不仅在执法时表现出极强的专业能力，更展现了他在处理社会矛盾时的细腻情感。例如，他在调解邻里纠纷时，不仅依赖法律的力量，还通过情感的疏导和人情世故的理解来化解矛盾。这种智慧与温情的结合让我们看到，警察不仅是法律的维护者，更是社会的调解员，他们在默默地守护着每一个家庭的和谐与安全。

五是对社会的关怀与反思。在这本书中，作者时常反思警察与社会的关系，引申出许多发人深省的问题。警察能否用更加人性化的方式来处理日常事务？如何在执法的过程中更多地关注群众的需求与感受？这些反思贯穿了整本书，让读者在享受故事的同时，也能感受到警察工作中的艰辛与不易。作者所展现的责任感和职业素养，让我们对这个群体有了更多的理解与敬佩。从某种意义上来说，正是这种社会关怀与反思增加了本书的厚度与深度。

诚如书中所言，"警察是离人民群众最近的职业之一"，这句话深刻揭示了警察在社会中的角色定位。他们不仅是打击犯罪的利剑，也是群众日常生活中的朋友和顾问。本书不仅是警察工作的一面镜子，更是一面反映社会复杂性与人性温暖的镜子。它以真实的故事和实用的指导，传达了警察这一职业的使命感和责任感，同时也为我们提供了许多生活中的警事指南。它让我们更好地理解警察与社会的互动，也让我们更加感激那些默默守护我们平安的无名英雄。

广西区委党校应急管理培训部讲师、法学博士

刘锐一

目 录
CONTENTS

第一章　报警，也有讲究

一、家中被盗，怎么报警？/ 002

二、发生交通事故，怎么报警？/ 006

三、人生地不熟，怎么报警？/ 013

四、不方便打电话，怎么报警？/ 019

五、谎报警情万万不可！/ 025

第二章　防范，真的重要

一、我的交通安全我来守护 / 032

二、盗窃，怎么防范？/ 041

三、诈骗，怎么识破？/ 046

四、"杀熟"的传销 / 078

五、毒品，一定要远离 / 084

六、赌博，千万沾不得 / 091

七、见义勇为，要注意安全 / 098

八、谈恋爱也要注意安全 / 104

第三章　纠纷，本可以化解

一、楼上楼下住户的纷争 / 114

二、广场舞引发的纷争 / 120

三、遇见醉鬼，不要纠缠 / 126

四、如何对待精神障碍患者？ / 132

五、冲动的惩罚 / 137

第四章　案件，不可不知的法律常识

一、发生交通肇事，千万不要逃逸 / 144

二、银行卡和电话卡借不得 / 150

三、公民个人信息不是想查就能查 / 155

四、辱骂、袭击警察要担责 / 162

五、遭遇家庭暴力，该怎么办？ / 170

第五章　你所不了解的警察执法程序

一、出警几步路为什么要开警车？ / 178

二、为什么罚我不罚他？ / 184

三、小动物被伤害，为什么不予立案？ / 190

四、买到"冒牌"净水器，为什么不予立案 / 196

五、警察不予立案，可以申诉吗？ / 201

第一章

报警,也有讲究

一、家中被盗，怎么报警？

第一章 报警，也有讲究

国庆假期最后一天早上，晓安①从外地旅游回家。相隔老远，就看见家里大门虚掩着。

晓安心头顿时一紧，家里不会进贼了吧？

犹豫了半分钟，晓安还是鼓足勇气往前走。大白天的，不信贼能这么胆大包天！

走到门口，晓安使劲用拳头砸了大门两下，然后快速闪在一边听动静。万一贼真在里面，也好提前防范。

等了足足有一分钟，也没听见屋里有什么响动，晓安这才小心翼翼，慢慢地挪步进门。

眼前的景象惊住了晓安，满屋一片狼藉。看来，真的进贼了！

晓安赶紧叫来家里人，一番清点。最后，发现除了平时买菜的200多元现金被拿走了，没有其他损失。

晓安想着并没有多大损失，报警不急于这一时。晓安容不得家里乱糟糟的样子，招呼家人先收拾一番再说。

从卧室收拾到客厅大门口时，晓安这才注意到旁边桌子靠墙的位置上，放着一把菜刀。

家人都说没在客厅用过菜刀，晓安的心不免怦怦直跳。如果回家时刚好碰到小偷……想起有点骇人，不觉惊出一身冷汗。

报警不能再耽搁了。

---

① 本书中的人名均为化名。

晓安放下手中的活，徒步700米左右，到附近的山南路派出所报案。

很快，晓安随开警车的两名警察回到家中。警察在晓安家前前后后勘查了一遍，由于屋子已经被打扫过，没发现太多的线索。

唯一异常的地方，是位于18层的厨房窗台上留有脚印，小偷应该是从离窗台很近的公共过道翻墙进屋的。出游匆忙，晓安出门时忘了关厨房阳台的窗户，给了犯罪分子可乘之机。

现场勘查提取线索完毕后，晓安随警察到山南派出所做询问笔录。但是，假期旅游的好心情，已经被进家之贼破坏得荡然无存。

警察普法讲堂

如果家中被盗，报警要注意什么？

舍小财，消大灾，所幸故事中晓安家里没有遭受过多的损失，家人也平安无事。上述故事中，由于晓安对现场保留不完整，并且外出时间跨度大，不能明确具体被盗时间，短时间内可能破不了案。

但是，从高层楼道翻墙入室这一行为来看，行为人应该是一个惯偷，还会在其他地方现原形的。法网恢恢，疏而不漏，犯罪分子终究会得到法律的惩治。

晓安在报警时间、现场保护、财物安全等方面的一些做法还不够妥当。具体来说，家中被盗，报警前后，还需要注意以下四点：

1.发现家里被偷后，应该第一时间报警，不要耽搁，方便警察及时开展线索提取、调查追踪等工作，最大限度挽回财物损失。

2.在警察到来之前，要保护好现场，特别是对被翻动的物品以及阳台、门窗、门框、门把手等可能遗留痕迹、物证的部位要重点保护，以免给后续取证破案带来困难。

3.如果身份证、银行卡、存折、有价证券等被盗，要及时到相关部门挂失补办，以免造成更多的困扰和更大的损失。

4.万一和小偷碰面，要牢记生命安全大于一切。除非对方要袭击你，否则最好不要当面冲撞，你不知道对方身上有没有带匕首等危险物品。这时候小偷处于高度紧张状态，他的主要目的是脱身，对于任何阻拦都会全力反抗，可能会造成不必要的伤亡。因此，你只需要记住对方的人数、体貌特征、携带物品和逃跑方向，及时报警，剩下的交给警察，让专业的人做专业的事。

二、发生交通事故，怎么报警？

对于这种事故责任明确、双方没有异议的轻微事故，你们应该在拍好照后，去交通事故快速理赔中心处理。

晓安一早开车去公司上班。早上七点半不到，山南路上行驶的车辆并不多，车内放着轻音乐，伴着早晨清爽的空气，晓安不由得在左车道上加快了车速。

不远处，一辆贴着"实习"标签的红色奥迪小轿车在前面慢悠悠地行驶着。

新手司机，还是不要跟了。晓安果断右侧变道后，发现前面一辆洒水车在工作，又赶紧加速变道回左车道，完成了一次右超车。

不料红色车辆突然提速，两车虽没撞上，但来了一个亲密接触。红色小轿车右侧车头位置掉了一块漆，晓安的车身左侧则是一条长长的擦痕。

"你突然提速干什么嘛，你看看我的车！"下车看到车身的长擦痕，晓安多少还是有点心疼。

"我才拿到驾照，可是你也别欺负我。我的车是直行，你是变道，事故由你负全责。"奥迪司机理直气壮地说。

"那你也不应该提速啊？"晓安自知有点理亏，找了个理由反问。

"交通法明文规定，超车要从左侧超。谁让你从右侧超过来的？我就没想着让你超！"奥迪司机一副得理不饶人的样子。

"要是前面没有那辆洒水车，我超你还不是易如反掌，你就不应该提速！"晓安反击道。

"责任在你，少说这些，等警察来处理吧！"奥迪司机很干脆地说道。

"是我的责任,我认了。我们把车停靠在路边,等警察过来处理,别阻塞交通。"晓安有点妥协地说道。

奥迪司机没理会晓安,掏出手机报了警。随后交警又打来电话进一步确认了情况,初步判断了责任,让双方拍完照片后,把车辆挪在一边等待处理。

晓安想把车挪到路边,但奥迪司机死活不让,坚持要等交警来了后才挪车,怕证据灭失,到时候责任不好划分。

路上的车逐渐多了起来,大约五六分钟时间,两车后面的车已经堵了有 50 米左右。由于有车绕到对向车道通行,也造成了对向车道的缓堵。

还好,警车接着就来了。来了一个瘦高个的年轻交警,还有一个拿着照相机的辅警,下车就麻利地拍照、固定证据。

"变道车没有让直行车,事故责任很明确,黑车全责。"看完现场后,交警进行了责任划分。

这时候,奥迪司机脸上显出了得意的表情。

"是你报的警吧?"交警对着奥迪司机问道。

"是的。我当时就说是他的全责,他还有点不服,怪我加速没让他。"奥迪司机愤愤地说。

"是我的全责,我又没有否认。本来我想把车辆挪开的,但是他不让,结果就堵车了。"晓安说道。

"变道时,还是应该提前对可能发生的情况做好预判。

第一章 报警，也有讲究

对于这种事故责任明确、双方没有异议的轻微事故，你们应该在拍好照后，去交通事故快速理赔中心处理。没必要非要等交警过来，你看看附近的路堵成什么样了。"说最后一句话的时候，交警特意看了奥迪司机一眼。

"我不是怕他到时候不认嘛！"奥迪司机有点委屈。

"我来之前已经在电话里告诉你了，你把事故现场照片照好后，不怕对方到时不认。再说这附近也有监控，还原事故现场也很方便。要是实在不放心，你们也可以直接去交警队，那里有专门的同志进行认定处理。你们两个把车跟在警车后面，我们到交警队做进一步处理。"交警说道。

在交警队，交警为两名事故当事人制作了《道路交通事故认定书（简易程序）》，告知了后续事故处理流程，两人互留了联系方式，各自离开了。

好在有保险，晓安按照保险理赔员的指引，妥善地把两辆车的后续维修进行了安排。

处理完事故后，晓安作为一个已经有七八年驾龄的老司机，心中涌起了重新熟悉交通规范的念头。

警察普法讲堂

1. 为什么不能从前车的右侧超车？

根据《道路交通安全法实施条例》第47条规定，后车应当在确认有充足的安全距离后，从前车的左侧超越。为什

009

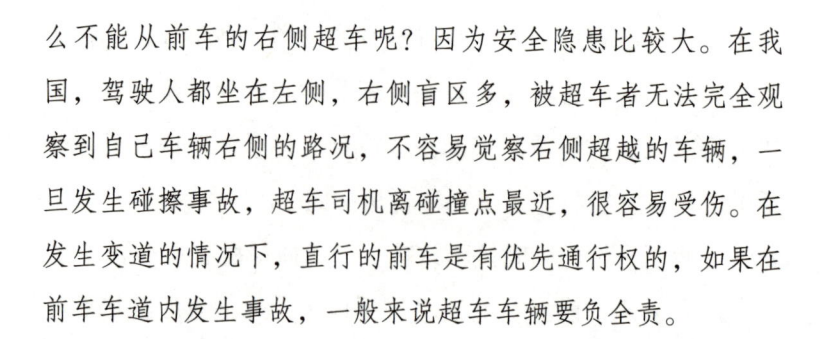

么不能从前车的右侧超车呢？因为安全隐患比较大。在我国，驾驶人都坐在左侧，右侧盲区多，被超车者无法完全观察到自己车辆右侧的路况，不容易觉察右侧超越的车辆，一旦发生碰擦事故，超车司机离碰撞点最近，很容易受伤。在发生变道的情况下，直行的前车是有优先通行权的，如果在前车车道内发生事故，一般来说超车车辆要负全责。

2. 如果不超车只变道，怎样防止发生碰擦事故呢？

变道是非常容易导致车辆擦剐的行为，为避免因变道发生交通事故，总的来说要做到"六个让"：

一是让直行车。不管是变道还是转弯，一律要让直行车先行，谨记直行车有优先通行权。

二是让右方车。两车如果同时向中间车道变道，以及在没有交通标志、标线控制的交叉路口，左方车的视线要比右方车好，且一旦发生事故，右方道路的车司机因为靠近碰撞位置更容易发生伤亡，所以要让右方车。

三是让环岛车。车辆变道进入环岛时要让环岛内的车先行。

四是让无路障车。在有障碍的路段，无障碍的一方先行；但有障碍的一方已驶入障碍路段而无障碍一方未驶入时，有障碍一方先行。

五是让不靠山体的车。在山路行驶时，如果山路道路狭窄或有障碍物，要让不靠山体的车先行，防止不靠山体的车让行时发生坠落意外。

六是让左转弯车（特指相对方向行驶时）。一般来说，右转弯的车受信号灯控制较少，通行机会大于相对行驶方向左转弯的车，所以要让左转弯车。

3. 交通事故报警及后续处理过程中，要注意什么？

发生交通事故后，建议通过以下四个步骤来处理：

第一步，警示。打开车辆双闪灯后快速下车，在确保安全的情况下，从车辆后备厢取出安全警示三脚架在车后方150米左右摆放好，人员迅速撤离到安全地带。

第二步，报警。拨打报警电话，说明事故发生时间、地点、损失等情况，按照交警要求进行处理。

第三步，拍照。从方便事故责任判断的角度来说，建议至少拍5张照片，分别是：

（1）全景照，2张，顺着道路方向在车头和车尾侧前方各拍一张。把整个车身、交通标志标线和周边的参照物拍下来，从中能看出车辆位置关系和事故发生地。

（2）中心照，2张，以车辆接触点为中心，车身左右两侧各拍一张。注意要拍下两车在道路上的相对位置，车身占照片四分之三左右为好。

（3）细目照，至少1张，拍摄两车触碰点，从局部反映碰撞的程度和散落物。

"前后左右中心点，整体局部拍分明"，这是拍照口诀。

另外，对复杂的事故，还可以用粉笔（或石头及其他硬物）、胶带等物品标记四个车轮着地点的中心位置，以便后续车辆现场位置还原。

发生事故时，建议都尽量拍照，因为保险公司可能会要求提供照片，后续如果事故责任认定有异议，照片也是重要的证据。

第四步，协商。如果有人员受伤或者车损严重，建议不要移动现场，等交警到现场后再协商处理。排除以上情况，事故双方可以自行协商处理，对事故责任无异议的，可以互留电话后直接去快速理赔中心；对事故责任有异议的，可以去交警大队进一步认定，只要照片拍好了，一般没有必要等交警到现场，更没有必要把车停留在路中间造成交通堵塞。

轻微交通事故中，交警电话告知当事人拍照后撤离现场而没有撤离，造成大面积交通堵塞的，可能会因不听从交警指挥而被罚款。根据《道路交通事故处理程序规定》第19条第3款规定，对应当自行撤离现场而未撤离的，交通警察应当责令当事人撤离现场；造成交通堵塞的，对驾驶人处以200元罚款。

三、人生地不熟，怎么报警？

先生，请说一下区县、街巷和饭馆的名字……

您好，我要报警，这里有一群人打架斗殴，请安排警察赶紧过来，赶快！

周六，秋高气爽，蓝天白云映照下的滨江路人头攒动，别有一番景致。晓安陪着家人，悠闲地在江边游玩了一个下午。

临近饭点，晓安想起朋友说过，临近滨江路的一条小巷有一家"苍蝇馆子"，值得一尝。

晓安根据朋友的描述，领着家人沿着一条不知名的小巷左拐右拐，终于找到了那家小饭馆。

小饭馆位置着实有点偏，周边都是破旧的房屋，招牌也没有。饭馆里面就三张桌子。其中一桌是一对情侣，另一桌坐的是举杯喧哗的中年人，已经吃得不亦乐乎。

所幸还有一张靠门口的桌子空着，晓安便坐了下来。

邻桌的年轻男女可能处于热恋状态，打情骂俏声在屋内尤为惹耳。其间，年轻男子接了个电话，由于屋内太吵，走到屋外继续通话。

"老公，你快进来！"女子对着刚打完电话准备进门的男子喊道。

"哎，老婆，在这呢！"坐在晓安背后那一桌的一个中年男子高声打趣地回答道，同桌四五个中年人哄然大笑。

"神经病！"女子脸顿时变得通红，愤怒地骂了一声。

"老婆，想你想的！"打趣的中年男子笑着回击。

打完电话的年轻男子看到这一幕，气不打一处来，破口大骂，朝中年男子冲了过去。

想要抓住对方衣领，被一把挡开；一巴掌扇过去，手腕在半空中被对方抓住，两人随即扭打在一起。

中年男子这一方有人过来劝架，不免有偏向自己人的小动作。另一方的人看在眼里，难免发生言语冲撞，继而产生肢体冲突。

拳掌声，踢踹声，叫骂声，桌椅倒地声，杯盘碎裂声……场面混乱不堪。

晓安估量了一下形势，还是把家人招呼出屋外，报警为好。

"您好，全安市110报警服务台，请问有什么可以帮您？"接警工作人员问道。

"您好，我要报警，这里有一群人打架斗殴，请安排警察赶紧过来，赶快！"晓安语调中透露出些许慌张。

"请您说一下具体地址。"接警工作人员说道。

"地址……我第一次到这个地方，我说不清楚……"晓安有点支支吾吾。

"先生，请说一下区县、街巷和饭馆的名字，我们明确位置后，马上安排警力过来。"接警工作人员说道。

"在沿江区，我不知道小巷子的名字，饭馆好像也没有名字，这个位置有点偏，我真说不清楚。"晓安对地方不熟，有点有心无力的感觉。

"您别着急，试着看看周围有没有标志性建筑物，还有附近的……"接警工作人员不放弃地问道。

"嘟！嘟！"提示音响了两声后，晓安的电话电量不足关机了。

晓安有点沮丧，但不会放弃，看了看周围，准备明确好具体地点后再用家人的手机报警。

这时，一个50多岁的男子拿着手机从屋内跑了出来，快速地拨通了报警电话。或许这人是饭店老板，时不时会遭遇矛盾纠纷，迅速说清楚了报警事项。

很快，闪着警灯的警车从巷子外开了过来。在警察的介入下，纠纷很快得到了平息。

失败的一次报警，晓安有点悻悻然。

警察普法讲堂

1. 在陌生的地方说不出具体地点，怎么报警？

报警时能说出准确的事发地点非常重要，这样警察才能快速赶到现场处置。有些人报警时难免心慌，特别是在陌生的地方更无所适从。那么，在陌生地点报警该怎么办？记住"三个找"：

第一，找周边人。附近有人的话，让熟悉当地情况的人说地址，这是最快捷的方式。

第二，找标志物。比如，超市、银行、学校、小区门口、交通路口、大桥等典型的建筑物，以及附近摄像头的编号、电线杆标号等。

第三，找手机定位。手机地图软件的定位功能强大，一般来说都能帮助我们很快明确所在的位置的。

要是事件发生时，上面三种情况都不具备，无法报警，该怎么办？这时候，千万要保持冷静，仔细分析周围道路和地形情况，建议带好必要的水、食物、衣服和防身物品，前往最可能有人员、车辆经过或有手机信号的方向。

2. 报警之后要怎么说，才能方便公安机关快速出警？

报警人清晰的描述，是公安机关判明事件性质和快速出警的前提条件。如何清晰描述呢？记住"七何"要素，把何时、何地、何人、何因、何事、何物、何种程度说清楚，就可以了。

比如，前面的案例中，晓安报警可以这样说："您好，我要报警，现在，在沿江区阡陌小巷，从江边入口往里方向500米左右，有两伙人，大约7人，吃饭时因口角发生群体斗殴，暂未发现使用匕首等危险物品，已经有人受伤，已通知120，请安排警察赶紧过来处理。"

这样，说不到一分钟，就已经把七个方面都说到了，接下来等警察来处置就行了。如果报警时有些紧张，记不住这七个方面也没关系，这很正常。如果没说全，接警台的工作人员也会引导你说全的。

其实，报警时最重要的是把风险点，也就是存在的危险或危难说出来，方便公安机关提前做好应对。比如，斗殴事件中，风险点就是人数、有没有带刀具、器械等危险物品

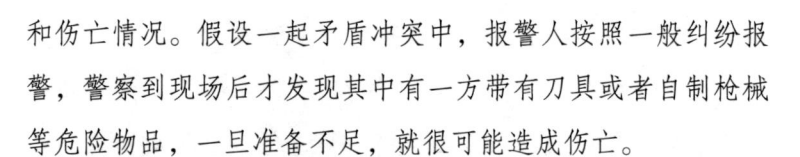

和伤亡情况。假设一起矛盾冲突中,报警人按照一般纠纷报警,警察到现场后才发现其中有一方带有刀具或者自制枪械等危险物品,一旦准备不足,就很可能造成伤亡。

所以,像打架斗殴、故意伤害、抢夺、抢劫等警情,说清楚风险点非常重要。

当然,不是所有警情都有风险点,像交通擦剐、一般物品丢失等警情,就没有。

四、不方便打电话，怎么报警？

我说不出话怎么报警……

谁呀？

刚上班，晓安发现公司的同事们扎堆议论着什么。

走近听了会，原来是公司新入职的员工，一个年轻的听障女孩，在上门做家政服务时，被一位独居的老头为难了。

家政服务是老人的子女安排的，请了一个定时上门服务的保姆，帮老人做饭、洗衣、打扫卫生。

年轻听障女孩经过短暂培训，手脚也还麻利，就被公司安排过去了。

试用第一天，老人很满意。

第二天晚上7点半，女孩做完家政准备回家时，发现门被锁住了，打不开。或许是老人独居久了，希望有人陪着，故意用钥匙把门锁上了。

女孩一时慌了神，走到看电视的老人身旁，用手朝门口比画着，希望老人能帮忙开门。

老人无动于衷，旁若无人，继续看电视。

女孩有点害怕了，走到门边，用手大声地捶门，但是门外毫无动静。女孩又跑到阳台上想寻找邻居的帮助，发现阳台周边一片漆黑，除了远处山脚下闪烁的灯火。

女孩想拿起手机报警，可发不出声音；想找亲友求助，可家里亲友不多，交往也少，唯一发出去的一两条短信，半天没有回音。她又急又怕又无助，不免啜泣起来。

老人动了一点恻隐之心，进里屋拿出来一些点心放在茶几上，又示意女孩坐在沙发上吃一点。

女孩深怀戒心，安静地坐在靠近门口的椅子上无助地

第一章 报警，也有讲究

流泪。

除了电视剧里面的声音，两个人在屋子里保持着静默，彼此相安无事。

大约过了四五十分钟，屋外传来敲门声。老人问明来人后，开了门。

原来是老人的女儿刚从外地出差回来，顺便给老人带了一些常备药品和保健品。女孩好不容易脱了身，急切地冲出了门外。

可能是受了惊吓，第二天刚上班，女孩就在亲友陪同下到公司办理离职手续。本来这份工作对女孩来说还算不错，结果却碰到了这一出。

对于听障女孩的遭遇，晓安感叹不已。难道遇到危难情况，听障女孩就没有其他求助方式了吗？

警察普法讲堂

1. 不能或不方便说话的时候，怎么报警？

故事中的听障女孩虽然不会说话，但是在有手机且会发信息的情况下，可以通过短信报警来寻求帮助。

短信报警操作很简单：编辑需要报警的内容，直接发送至12110。12110是公安机关统一的短信报警号码，目前全国大部分地区都有覆盖。

12110短信报警不仅对语言障碍的人有用，而且对能正

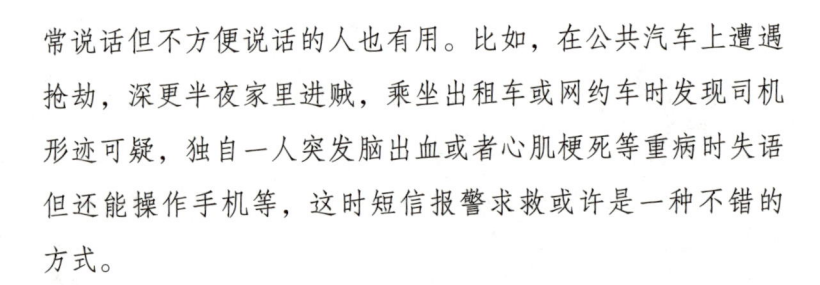

常说话但不方便说话的人也有用。比如，在公共汽车上遭遇抢劫，深更半夜家里进贼，乘坐出租车或网约车时发现司机形迹可疑，独自一人突发脑出血或者心肌梗死等重病时失语但还能操作手机等，这时短信报警求救或许是一种不错的方式。

2. 遭遇人身威胁时，短信报警需要注意什么？

首先，身边要有能正常使用的手机，且未被发现，同时要有操作手机的机会。

其次，报警前建议把手机调成静音模式。防止报警后万一来电话或者短信而被违法人员发觉。同时不要选择振动模式，空气振动也会发出声响。

再次，简要准确描述三个点：时间、地点、事件性质。比如，全安市沿江区山南路宁宇小区×栋×单元×号，现被软禁。再如，现乘坐车牌号为×××的网约车，从全安市沿江区山南路往全安市博物馆方向，有危险。

最后，实时关注手机短信。警方可能会发送短信过来，进一步核实相关情况，注意及时回复。

少数地区特别是僻远地区，12110短信报警不一定完全覆盖，使用前最好找当地公安机关咨询了解一下。

另外，12110短信报警可能会存在短信丢失、接收延迟、沟通难度相对较大等影响处警效率的问题，在人身没有受到威胁且能正常说话表达的情况下，直接拨打110还是效率最高的报警方式，这个务必要记住。

3.除了短信报警，还有其他求助方式吗？

书到用时方恨少，人遇急难恨招少。平时我们应该多掌握一些危急情况的救助方法，防止情况发生时手足无措，造成不可挽回的损失和遗憾。

智能手机有个SOS紧急求助功能，这一功能对去某个地方担心自身安全，或者对安全有特殊需要的人，紧急情况赢得外部救助非常便捷。

以华为智能手机为例（其他智能手机操作类似，不同类型手机会有差异），SOS紧急求助功能具体操作方法如下：

第一步，查找。在手机的"设置"选项中，有个"安全"选项，点进去后有个"SOS紧急求助"选项，继续点进去，里面有SOS紧急求助的相关选项。

第二步，设置。设置是紧急情况下快速求助的基础，务必提前设置好。按照设置选项提示，预设好个人紧急信息（含医疗救援、地址等信息）、紧急联系人、自动发送附带当前位置的求助信息、自动拨打求助电话，方便紧急求助时自动向求助对象发送求助短信、播放预设求助录音。

第三步，启动。在手机开机的情况下，连续按5次手机电源键（是否锁屏不影响），就启动了SOS紧急求助，里面会快捷显示出110、119、120以及其他紧急联系人的电话，快速点击需要联系的紧急联系人，通信正常的情况下求助对象会收到求助短信（手机联网且定位开启时会包含位置信息），接通后会听到求助录音，方便求助对象快速采取救助行动。

如果家里有老人，可以提前帮助老人在智能手机上对SOS紧急求助功能进行预设，让老人熟练掌握启动操作（连续按5次手机电源键然后点击跳出的求助人即可），发生意外情况时可以节省很多宝贵的求助时间。

五、谎报警情万万不可！

有人打110报警，说被两名中年男子持刀抢劫，还被砍伤了手臂……

我喝了点酒，一时兴起报了个假警……对不起，我再也不敢了……

晚八点半，晓安加完班开车回家。路上，有好几辆闪烁着警灯的警车停在路边，锥形桶有序地摆在路中间，阻车器横截马路，多名警察呈战术队形站立，荷枪实弹，设卡盘查沿路缓行的车辆。

不会出什么重大刑事案件了吧？晓安心里嘀咕着，多少也有一点好奇。在警察的指挥下，晓安开车缓慢通过了盘查点。

回到家，吃过晚饭后，晓安习惯性地在小区周边溜达一圈。听到居民的纷纷议论，才知道警察在设卡盘查的原因。

当晚8点10分左右，有人打110报警，说是在山南路转盘附近被两名中年男子持刀抢劫，还被砍伤了手臂，然后驾驶一辆白色面包车逃跑了。

山南转盘是山南、山北和沿江三条道路的交会点，周边视频监控还在建设中，且晚上视线不好，警方不能迅速明确犯罪嫌疑人的逃跑方向。

由于警情重大且紧急，为尽快抓获犯罪嫌疑人，防止其继续作案，危害群众的生命财产安全，沿江区公安分局立即启动重大警情处置预案，指令交警、特警、刑侦、派出所等警力迅速在山南、山北和沿江三条道路关键节点进行设卡拦截。

晓安看到的只是山南路的一个拦截点，另外山北路和沿江路也设有拦截点。特别是沿江路一带造成大面积交通堵塞，严重影响了市民出行。

第一章 报警，也有讲究

在启动重大警情处置预案进行设卡拦截的同时，公安机关电话联系报警人作进一步的询问。刚开始的时候，报警人对警察说了个地点，警察没找到，后来报警人索性不接电话了。再后来，警察通过研判追踪找到了报警人，结果是虚惊一场。

原来，报警人身上根本就没有伤，在警察的严厉询问之下，才支支吾吾地供述其酒后报了假警。警察听完报警人供述后，气不打一处来，依法对报警人进行了严厉的处罚。

警察普法讲堂

1. 谎报警情，会受到什么样的处罚？

目前，全国各地警力普遍比较紧张。谎报警情会挤占警力资源，影响真正需要警察的人，应受到严厉的处罚。

根据《治安管理处罚法》第29条规定，故意散布谣言，谎报险情、疫情、灾情、警情或者以其他方法故意扰乱公共秩序的，处5日以上10日以下拘留，可以并处1000元以下罚款；情节较轻的，处5日以下拘留或者1000元以下罚款。

《刑法》第291条第2款对编造、故意传播虚假信息罪进行了明确规定，编造虚假的险情、疫情、灾情、警情，在信息网络或者其他媒体上传播，或者明知是上述虚假信息，故意在信息网络或者其他媒体上传播，严重扰乱社会秩序的，处 3 年以下有期徒刑、拘役或者管制；造成严重后果的，处 3 年以上 7 年以下有期徒刑。

千万要记住，无事生非，谎报警情和编造、传播虚假信息是违法行为，做不得！

2. 只要不谎报警情，是不是一有事情就可以报警？

日常接警过程中，警察会碰到很多让人哭笑不得又非常无奈的警情。比如，上厕所忘带手纸、猫死家里找警察处理、钥匙反锁家中、肚子饿了找警察帮忙买饭等。

上述这些事项本来可以通过亲友帮忙或其他途径解决，警力作为公共资源不应该被滥用。根据《人民警察法》第 21 条，人民警察对公民有三个方面的义务：

（1）对公民人身、财产安全受到侵犯或者处于其他危难情形立即救助的义务；

（2）对公民提出解决纠纷的要求给予帮助的义务；

（3）对公民的报警案件及时查处的义务。

简单来说，公民应当在有危难情形、矛盾纠纷或治安刑事案件的情况下报警，而不是遇事就报警。

3. 对于不属于警察出警的事项，该怎么解决？

很多时候，居民确实有一些事项需要咨询、求助或投诉、建议等，但是又不属于公安机关的职责范围，那应该怎么解决呢？

根据《国务院办公厅关于进一步优化地方政务服务便民热线的指导意见》,除110、119、120、122等紧急热线外的政务服务便民热线实现一个号码服务,统一归并为"12345政务服务便民热线"(也叫市民热线、市长热线),提供"7×24小时"全天候人工服务。

12345热线分类整合了各级各部门设立的面向公众提供业务查询、咨询、投诉、求助、公共服务、意见建议征集等政务服务的非紧急政务热线,是倾听群众和企业诉求、推动解决实际问题的重要渠道,是优化政务服务、提升行政效能的重要抓手。也就是说,对于不属于公安机关职责范围内的事项,可以拨打"12345政务服务便民热线"进行解决。

第二章
防范,真的重要

一、我的交通安全我来守护

（一）树牢安全意识，加强自身交通管理

第二章 防范，真的重要

周末，晓安开车载着家人，准备去郊外的一家农家乐玩耍。

当车行驶到山北路时，晓安听到了前面红绿灯附近一阵刺耳的急刹车声音。往前看去，一辆小轿车紧急刹停在斑马线边沿，一个年轻人边看手机边旁若无人地继续在斑马线上往前走。

此时，红绿灯处于车辆通行的绿灯状态。刹停的小轿车驾驶人朝年轻人吼叫了一声后，又开车继续上路了。

晓安看到后，心想这年轻人心理素质还真好，走路都不带看车的。当然，运气更好，多亏司机眼疾手快，紧急刹停。

车刚开出城区，路上的车辆顿时少了很多，沿途的风光让人赏心悦目。晓安边开车边欣赏美景，心情出奇地好，车速也不自觉地提了起来。

正当晓安的视线从景色中收回到马路前方时，发现不远处道路中间停着一辆小轿车，一人推开右车门准备下车。

这辆小轿车既没有打开双闪灯，也没有放三角警示牌，更没有停靠在马路最右侧。

车即将撞上去。晓安心顿时紧了一下。

说时迟那时快，晓安急忙向左打方向盘。车身贴着前方车辆的左后部开了过去。

所幸没有撞上，不然，后果真的不堪设想！特别是对方车辆还有人准备下车，想想都后怕！

总算是有惊无险，晓安长吁一口气，在开过去的当下，使劲按了几下汽车喇叭，表达对刚才的车辆不开双闪、不放三角警示牌和不靠右侧停放的不满。

心有余悸的同时，晓安也清醒地意识到，尽管对方车辆存在不规范的地方，自己也错在注意力分散、车速过快。

欲速则不达。把安全放在第一位，是每一个过马路的行人和机动车驾驶人应该首先关注的事情。

警察普法讲堂

1. 行人过马路有哪些风险？

行人过马路存在很多风险，如车辆突然刹车失灵，大货车惯性过大刹不住车，司机疏于观察或者突发意外疾病，司机醉酒驾驶、无证驾驶、涉毒驾驶甚至作出极端过激行为如冲撞等，任何意外、疏忽都可能造成不可挽回的伤害。

健康的人难免有生病的时候，正常的交通指不定什么时候也会发生突发情况，过马路时真的大意不得。忽视马路风险，不看车、不看红绿灯，是在拿自己的生命开玩笑。最重要的是要把安全牢牢掌握在自己手中，留心观察，遵守交通规则，在确保道路安全的情况下过马路。

2. 行人在斑马线上与机动车发生交通事故，机动车要负全责吗？

许多人存在安全认知误区，认为行人在斑马线上有优先通行权，发生交通事故后肯定是机动车全责。在这一错误认识下，这些人在斑马线上过马路时更是有恃无恐，完全无视斑马线上的红绿灯。

真的是这样的吗？未必。如果斑马线有红绿灯控制，当红灯亮起后，行人的通行权并不优于机动车，这时候发生交通事故，行人可能就要负主要责任了。如果道路上有斑马线，但是无红绿灯或者红绿灯损坏，这时候行人与机动车发生交通事故，机动车应该负全责。

虽然斑马线上发生交通事故，不管是红灯还是绿灯，机动车都要承担部分或者全部责任。但是，和行人的生命相比，机动车方负再重的责任，也是轻的。

这样说来，责任划分虽然重要，但是，行人遵守斑马线通行规则，仔细观察，确保自身安全通过更重要。

3. 对于开机动车的驾驶人员来说，怎样最大限度保障行车安全？

一般来说，驾驶人员接受了驾驶操作和交通安全知识培训，知晓安全驾驶规则。规则是安全的基础，是最起码的要求。不过，知道不等于做到，某种程度来说，从思想上树立安全意识可能更重要。具体来说，应牢牢树立"三想一树"安全意识：

（1）想别人。道路是公共空间，需要大家互相礼让、保持善意，才能更加文明、和谐、通畅。如果都只顾自己，说不定哪天自己就成了受害者。礼让别人，就是方便自己。

（2）想自己。给自己立下严格的规矩，如不乱穿马路、系好安全带、不随意变道、不超速超载、不闯红灯、不酒驾疲劳驾、跑长途前仔细检查车况等，一旦立下规矩就要严格遵守。

（3）想万一。牢记祸患常积于忽微，在人员、车辆复杂的路段上要观察好后再通行；跟车不要太紧，尽量与大型车辆保持一定距离；多注意积累车辆爆胎及自燃、伤员救治、事故处理等知识，有备无患。

（4）树理念。牢固树立生命权永远高于通行权的理念，车辆属于高危工具，开车务必要尽到审慎义务。

第二章 防范，真的重要

（二）来源不明的便宜汽油加不得

一日，晓安一大早已经在前往上班的路上。路上的车辆不多，行车速度也不算慢。

在快要行驶到山南路和山北路交界处时，晓安看到前面100米转盘处一辆面包车因猛然转弯突然冒起了黑烟。晓安赶紧减慢车速，使劲地连按着汽车喇叭进行提醒。

司机发觉后，迅速停车跳了下来，飞快地逃离，一段距离后趴倒在地上。一瞬间，面包车整个燃烧起来，冒出1米多高的火苗和滚滚的浓烟，还好没有爆炸。

晓安想掉头撤离，但是对向车道上快速驶来一辆大货车，后面还跟着好几辆小汽车。来不及多想，晓安赶紧打开双闪，迅速靠边停车，撤离到马路边的安全地带。

掏出手机准备报警时，晓安发现周边已经有人在拨打报警电话了。所幸，事发时时间还早，路上车辆不算多，其他车辆很快避开了燃烧的车辆。

不一会，交警和消防队员赶到现场，开始现场管控和灭火工作。此时，面包车已经烧得面目全非，临近转盘的几条马路也已经开始拥堵。

大约过了半个小时，道路逐渐恢复了畅通。虽说上班要迟到了，耽误了当天的工作进度，但是晓安想到刚才有惊无险的经历，觉得人身安全更重要，并没有因赶时间而加快车速。

第二天晚上，晓安在浏览手机新闻时，看到了昨天面包车燃烧的相关新闻。让晓安感到惊愕的是，面包车里居然装的是零星对外售卖的桶装汽油,司机是非法经营成品汽油的违法分子。

新闻介绍,三个月前沿江区公安分局相继在山南路、山北路等地发现定点非法经营成品汽油问题线索,通过依托大数据手段循线深挖,锁定了一个非法经营成品汽油犯罪团伙。该犯罪团伙通过非法渠道购买成品汽油,偷逃税款,以每升汽油低于市场价 1.5 元左右的价格进行零星售卖。现沿江区公安分局已将非法经营成品汽油犯罪网络一网打尽,捣毁非法经营窝点 11 处,抓获违法犯罪嫌疑人 31 人,查扣涉案运油车辆 12 台,查封涉案成品油 600 余吨。

警察普法讲堂

非法售卖汽油的行为有哪些危害?

近年来,非法售卖汽油的行为时有发生。这种非法行为除偷逃国家税款、严重扰乱成品油市场外,还存在严重的安全隐患。主要表现在以下四个方面:

一是运油车辆性能差。这些运油车辆大多是非法改装的面包车或轻型货车,缺乏日常保养,一些车有闯红灯记录,刹车性能差。

二是运输销售人员风险高。开运油车的驾驶人普遍没有危险货物运输从业资格,分销人员无成品汽油经营资质,一些人员还有吸毒、贩毒、聚众斗殴、寻衅滋事、故意伤害等犯罪前科。

三是储存销售条件差。一些售卖人员装汽油用的是一般的塑料桶，塑料是绝缘体，当汽油晃荡与塑料摩擦集聚的静电无法导出，容易产生电火花，引发燃烧。此外，非法售卖点多位于地下停车场、变电站、医院及居民区附近等隐蔽地带，和加油站相比，缺乏必要的防火防爆设备，防范风险能力较差。

四是汽油散卖隐患大。正规加油站对购买散装汽油人员要做严格的审核登记，而非法售卖点为了赚取更多利润，对购油人员来者不拒，随意出售散装汽油，一旦被别有用心之人钻空子实施过激行为，后果不堪设想。假如有人因主动购买非法汽油而造成车辆烧毁或人身伤亡，售卖的违法嫌疑人往往没有赔付能力，保险理赔上或许也会存在困难。

此外，违法销售的汽油质量是无法保障的，很容易产生车辆油路堵塞、积碳增快、油耗增大、发动机运转不稳定等问题，对车辆造成损害后，车主根本找不到赔付方，节省的钱还不够维修费。

因此，一定要去正规的加油站加油，千万不要为了节省几十块钱而购买来源不明的汽油，不仅存在社会公共安全风险，也会危及购买者的人身和财产安全。

二、盗窃，怎么防范？

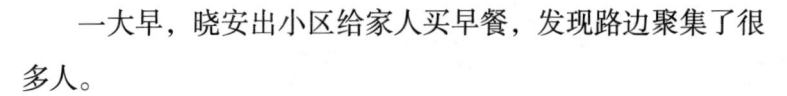

一大早，晓安出小区给家人买早餐，发现路边聚集了很多人。

好奇心驱使晓安走过去，近了才发现是路边停放的一些车辆的车窗被砸了，引发路人驻足观看。一些准备开车的车主发现车被砸了后，纷纷打电话报警。

晓安顺着路走了一百多米，发现沿路停放了20多辆车，有7辆车的玻璃被砸，碎玻璃屑掉了一地。

但是，并不是所有车辆都被砸了，有的被砸的车之间又隔了好几辆没被砸的车。晓安关注到这个细节，不过更多的是庆幸自己没把车停在路边，不然自己的爱车说不定就被砸了。

午间吃饭时间，晓安把早上的经历作为闲聊谈资向公司同事说了。很快就引起了讨论。

有的说，最近砸车窗玻璃的比较多，应该是有人蓄意报复社会，也有的说是盗窃。

有的说，现在盗窃好像比前些年少多了，特别是扒窃，以前在街面上、公交车上偶尔还会遇到，现在已经很少了。

有的说，盗窃根本没有减少，街面时常有摩托车、电动自行车被盗的情况……

一说到被盗，大家都打开了话匣子，晓安在心里默默思考，怎么防范盗窃呢？

第二章 防范，真的重要

警察普法讲堂

1.怎样防范砸车窗盗窃？

除警察要加强巡逻防控和打击盗窃违法犯罪外，车主还要注意以下三个方面：

第一，注意停放位置。最好将车辆停放在车库或有人值守的地方，如果做不到也要尽量停放在有监控或者秩序较好且经常有人能看到的地方，不要停放在秩序混乱或比较偏僻的地方。

第二，收拾车内物品。尽量把车内的物品收拾整齐，避免将钱包、衣物、包裹等物品（尤其是贵重物品）放置在从车玻璃外可以看到的位置，能不放车上尽量不放车上，以免让违法犯罪分子起非分之想。

第三，做好必要遮掩。如果免不了要经常在车内放置物品，或者外出游玩物品确实要放在车内，应当采取适当的遮掩措施。比如，两厢车从外面车玻璃就可以看到后备厢里的物品，加装遮物帘能防止物品从车外被看到。

2.为什么街面小偷越来越少了，其他盗窃也这样吗？

总体来说，现在盗窃犯罪发案数普遍呈较大幅度下降趋势。特别是街面扒窃犯罪发案数下降非常明显。街面小偷越来越少，主要有以下两个方面原因：

一方面，现在街面、公交和其他公共场所的视频监控比较多，犯罪事实一目了然，公安机关调查取证和打击犯罪非常便捷；

另一方面，现在大家都用智能手机电子支付，很少带现金和钱包，即使手机被盗也往往都设有密码，在公安机关严控销赃渠道的条件下，犯罪分子几乎无利可图。

但是社会上总有那么一些好逸恶劳、生性贪婪、想不劳而获的人，具体到某一类盗窃，可能又相对高发。比如，现在骑摩托车、电动自行车的人多了，夜间盗窃摩托车和电动自行车的违法行为相比以前多发。

再如，有些违法犯罪分子通过计算机技术，采取窃取密码、控制账号、修改程序等方式实施网络盗窃，将受害人有形或无形的财物占为己有。这是一种新型的非接触盗窃，专业化特征比较明显，在大范围针对每位受害者少量盗窃的情况下非常不容易被发现，是公安机关关注和打击的重点。

3. 对于盗窃，特别是入室盗窃，有什么好记、好操作的防范措施？

防范盗窃的措施可概括为"一不三防"，具体如下：

"一不"，指不露财。俗话说，"不怕贼偷，就怕贼惦记"。随意显露大量现金或贵重物品，随意处置名贵物品的包装，让可疑的陌生人进入家中，在网络上或者面对面向别人炫富等，这些都可能被犯罪分子注意到，让自己成为作案的目标。

"人防"，指人力防范。比如，把物品放在视线内或有人看管的地方，有条件的尽量把家安置在治安条件和保安服务较好的小区，出远门时请亲友、邻居或物业帮助留意异常情况并及时处理门上的广告传单等物品，积极参加社区或公安机关组织的义务巡防、安全宣传，发现可疑人员及时通报物业或派出所等。

"物防"，指物力防范。比如，安装防盗安全等级高的门和锁，房屋楼层较低或者阳台、窗户离过道及落水管道较近的安装防盗设施，门锁等设施故障时及时维修，出门时关好门窗，不将贵重物品、大笔现金放在家中，做到身份证和银行卡分离存放等。

"技防"，指技术防范。目前市面上各种防盗视频监控镜头很多，有条件的可以在家中或者工作场所安装视频监控，可以选配那些无线远程监控且有夜视功能的镜头，或者安装红外报警装置，最好有预警推送功能，发现异常情况能及时报警处置。

三、诈骗，怎么识破？

（一）假冒的"经理"

第二章 防范,真的重要

早上的山南路有点堵车,晓安匆匆赶到单位,还好没有迟到。刚进公司,就感到氛围有点凝重,财务室传来出纳小昕呜呜的哭声。

晓安快速地坐到工位,轻声向旁边的同事打听了事情的经过。

原来,公司出纳小昕在QQ上被一个冒充公司经理的人骗走了71万元。现在公司已经报警了,等待警察调查处理。

小昕大学毕业没多久,到公司任出纳也就一个月的时间,对相关业务还在摸索中。

不过,工作上小昕很主动、很虚心,对公司领导和同事们的安排也很上心。每天小昕都是早早地到公司,烧水、做清洁、取快递,得到了大家的一致认可。

一天早上,小昕照例是第一个到公司,打开电脑,登录QQ后,发现出差在外的梅经理昨天晚上10点左右发了一条信息。

大意是,梅经理晚上在饭桌上已和客户初步达成设备采购意向,次日上午9点半要和客户签订采购合同,需要支付71万元预付款,请尽快划转至银行账户××××。

或许是对未及时回复信息心存歉疚,或许是签约时间马上就快到了,怕钱还没到账,或许是两种心态都有,小昕没多想,麻利地通过网上银行把71万元划到了指定的银行账号。

后来，小昕给梅经理打了个电话。这不打不要紧，一打小昕整个人顿时就蒙了。

电话那头，梅经理说此次出差的目的只是考察公司产品的销售市场，根本就没准备买设备，更没有和客户签约这一回事。

根据梅经理的指示，公司财务主管匆匆忙忙地赶到办公室，迅速核实情况后打了报警电话。

两名警察不一会就到了公司，详细询问了事发经过后，又请财务主管和小昕配合到公安机关做询问笔录。

"骗子真是可恶！"晓安心里嘀咕着，也为小昕感到惋惜。毕竟小昕刚到公司不久，连第一个月的工资还没领，后续的损失是否能追回，也是个未知数。

一整天，公司的气氛都很沉闷。晓安心里也憋得慌，心中满满的无力感。

警察普法讲堂

近年来，电信网络诈骗犯罪高发多发，有些公司被骗取巨额资金，造成运营资金严重短缺，可能错失重大的发展机会，甚至造成公司破产，需要引起经营者和财务人员的高度警惕。

1. 什么样的公司容易被诈骗？

苍蝇不叮无缝蛋，被骗说明受害人在风险防范上存在不足，容易被骗的公司主要为两类：

第一类，信息安全意识较为薄弱的公司。对员工信息保密意识教育不到位，一些重要的信息在人员较多的场所和网络群里随意讨论、传送；文件存放较为随意，无关人员很容易接触到；对电脑病毒攻击安全防护不够重视，使用保密防护程度不高、容易被病毒侵入的软件；等等。犯罪分子可以通过获得众多零散的碎片信息拼凑出公司经营的关键性信息，进而实施有针对性的诈骗。

第二类，财务资金管理使用不规范的公司。在财务资金管理使用特别是大额资金划转上，没有规范的核实、审批、划转制度和流程，或者虽然有形式上的制度、流程，但是执行起来随意性大，如在没有经过核实的情况下，往往"领导"的一条信息、他人的一次转述、未辨真假的一通电话、客户的一次催促等，可能就会导致大额资金被轻易划转出去。

2. 公司怎样防范电信网络诈骗？

公司防范电信网络诈骗，谨记"三个务必"：

第一，务必建立和执行规范的财务制度和工作流程，杜绝不遵照制度流程的特事特办。财务是一个公司的重要部门，一旦出问题，将严重影响公司的日常运转甚至成败，执行规范的制度流程至关重要。

第二，务必增强风险防范意识，强化内部信息保密管理

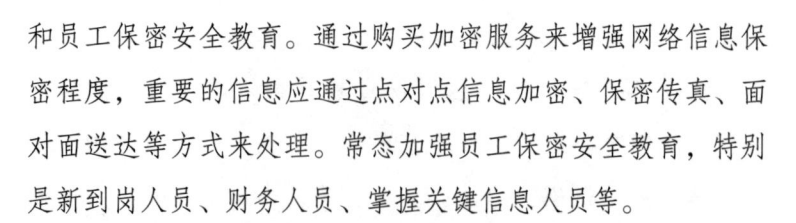

和员工保密安全教育。通过购买加密服务来增强网络信息保密程度，重要的信息应通过点对点信息加密、保密传真、面对面送达等方式来处理。常态加强员工保密安全教育，特别是新到岗人员、财务人员、掌握关键信息人员等。

第三，务必跟领导当面或者电话确认涉及大额资金的转账汇款，谨慎处置。大额资金划转是公司的重要决策，对公司后续经营影响巨大，划转前确认无误后再行操作。一旦发现被骗，一定要及时报警，公安机关会及时开展跟进冻结止付工作，最大限度帮助挽回损失。

此外，除了冒充"经理"转账这种诈骗行为，还有假冒亲友并编造遭遇事故或危难的事由要求紧急转账，以及假冒公检法，以调查违法犯罪为由要求紧急转账到"安全账户"等，这些都是以转账为名行诈骗之实的行为，需要引起我们的高度警惕。

第二章 防范，真的重要

（二）噬钱的"爱情"

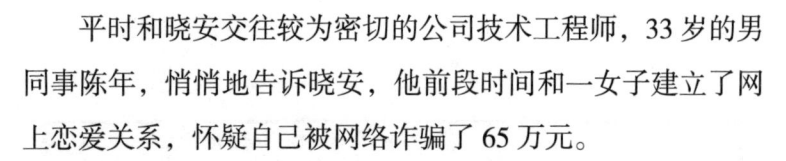

平时和晓安交往较为密切的公司技术工程师，33岁的男同事陈年，悄悄地告诉晓安，他前段时间和一女子建立了网上恋爱关系，怀疑自己被网络诈骗了65万元。

两个月前，单身的陈年在某婚恋网站注册了账户，希望能找到人生中的另一半。

注册没几天，很快一网名为"爱你的玫瑰"的女子主动给陈年发来交往的信息，介绍自己31岁，未婚，在海蜃市经营一家美容院，有一套别墅和一辆小轿车，并附上了一张在美容院的工作照和一张在别墅前的生活照。

陈年看了信息后，想到两人年龄相仿，且女子看上去秀外慧中，应该是能顾家的女人，不觉怦然心动。很快，两人互加了微信。

随后的一段时间，陈年仿佛回到了初恋时代。早上，陈年还没起床，女子早早就发来微信道早安；上班期间，女子叮嘱陈年多喝水，不要久坐；晚上，女子又和陈年浓情蜜意一番，尤其是女子撒娇的言语，让陈年格外开心。

一天，陈年说，想要女子电话号码，方便打电话。女子说，之前交友时把电话留给了对方，没想到遇到了无赖，被反复电话骚扰，苦不堪言，最后只好忍痛换了用了十几年的手机号码。

陈年想要视频聊天，女子说，之前遇到过一个无赖，录制了聊天视频后又四处转发，害她被人骚扰，严重干扰了正常生活，现在还有心理阴影。

陈年提出要和女子见上一面，女子则表示还没有完全从上一段感情中走出，彼此交往时间不算长，不要给她太大的压力。女子还说，需要时间证明陈年是一个值得信赖和依靠一辈子的男人。

交往三周左右，女子给陈年发了一张虚财应用程序（APP）的理财收益截图，上面显示原始投入150万元，三个多月时间已涨至200多万元，涨幅超过30%。

陈年问女子是否在投资。女子给出了肯定回答，并告诉陈年，她有高中同学在虚财APP任运营总监，时不时能得到内幕消息，理财收益非常可观。

在女子的引导下，陈年进入一个虚财APP投资群，里面有四五个成员正在相互交流投资心得，晒着投资成绩单。陈年看了一下，半年收益普遍都在50%以上。

女子对陈年说，为了两人以后的生活能有更好的经济基础，光靠工资可不行，要让钱生钱，建议陈年不要太保守，可以尝试一下。说完，给陈年发了一个虚财APP的下载链接。

于是，陈年下载了虚财APP，注册账户，绑定了银行卡号。

女子告诉陈年不要心急，不要一次投入太多，要先熟悉，慢慢来。陈年觉得女子说得有道理，也很谨慎，于是选择了一个理财产品投了1000元。

过了五天左右，女子兴高采烈地让陈年快看虚财APP上的账户。陈年一看,就几天时间账户金额变成了 1153 元,涨了 15.3%,也有点高兴。陈年给女子发了一朵大大的小红花和拥抱。

女子乐乐呵呵地说,看吧,我推荐的没错吧。然后,引导陈年试着把钱取一点出来,说是试一下,防止钱取不出来的情况。陈年觉得女子做事情很稳妥,象征性地取了 100 元,结果几分钟不到钱就到账了。

女子说,这两天先不要动,她那个担任运营总监的同学说这周虚财 APP 要上一个新的理财产品,跟进的是一个市场前景非常好的国家大项目,产品预期十分好,收益不比几年前买股票中签新股的收益差。由于项目比较敏感,目前还处于保密状态,预计发售时会非常紧俏,让陈年不要对外人说,要是消息传播出去了,买到的机会就很渺茫了。最后,女子又说,等这个产品达到预期收益后,她会来全安市与陈年见面,顺便商量一下两人一起生活的事情。

陈年听后,幸福感满满,只怪时间过得太慢。

等到第三天早上,陈年刚上班,就收到了女子的信息。女子很急切地告诉陈年,说她同学告诉她,刚得到公司通知,那款保密产品今天早上 10 点钟就要开售,非常抢手,能买到的概率不到十分之一,收益翻番是铁板钉钉的事情。

同时,女子告诉陈年,她同学可以通过技术手段,让他们提前交钱进场等候,只要买入权限一放开,就能立马买到。最后,女子问陈年应该怎么办,后面跟了一大串长长的问号。

　　陈年是个不喜欢作决策的人，还没拿定主意。这时女子的信息又过来了，说时间还有半个小时不到，过了这个村就没有这个店了，她准备把之前的投资所得加上手上的家底共220万元都投进去。等拿到翻倍的预期收益后，她就搬到全安市陪着陈年安安心心地过幸福的小日子。

　　陈年一看时间紧迫，心想女方都能为了两人的未来而拼搏，自己为什么不呢？不过让陈年有点羞愧的是，自己所有的积蓄加起来就只有58万元。

　　陈年有点心虚地说，自己的全部家底共有58万元，经济上拖后腿了，不过愿意全都投入进去。女子马上回复说，说这话就是把她看俗了，她爱的是陈年这个人，取得投资收益后她就来和陈年一起生活，不要辜负她就好了。

　　陈年马上说，不会，不会。女子又说，先投55万元就行了，剩下的留着应急，要好好地照顾自己。陈年顿时感觉一股暖流涌遍全身，迅速地按照女子的指引，在虚财APP上存入了55万元理财产品预付款。

　　十点刚过，女子的消息就过来了，告诉陈年理财产品已经上线且购买成功，还附了一个大大的拥抱表情。陈年迅速打开软件，果然一个名为虚财1号的产品已经在账户里显示了，市值为55万元。

　　接下来的几天，女子对陈年格外殷勤，各种甜言蜜语、撒娇，陈年沉浸在幸福的海洋里。

但是，一个星期过后，陈年发现女子联系少了，不像以前那么热情。

陈年问女子是不是有什么事情，她说没什么，就是最近事情太多，感觉有点累。陈年表示关切，提醒女子不要太累，多注意休息。

又过了几天，女子隔一两天才联系一次，甜蜜的话也不说了，陈年发的信息很长时间也没有回应。

陈年觉察到了异常，问女子是不是遇到什么困难了。女子说，家里母亲生病住院了，自己这几天频繁往医院跑，所以忽视了陈年的感受，表示抱歉。

陈年问伯母是什么病。女子说母亲最近出现看东西重影、脸部麻木等症状，医院检查后医生诊断为颅内动脉瘤，可能随时有破裂的危险，需要尽快做手术。

陈年责备女子说，这么大的事情她应该早点说。女子说，不想让陈年太分心，这段时间他千万要照顾好自己。

陈年问女子手术费用是多少。女子说，医生诊断肿瘤的位置较为特殊，手术费用预估20万元左右，治疗费用本来不成问题的，但是，前几天把全部家底拿去投资了，暂时取不出来；问了同学后才知道，这个理财产品有一个月的封闭期，只有等封闭期过了之后才能取出来，和封闭式基金有点类似。

陈年打开虚财APP操作了一下，发现果然取不出钱来。

女子继续说，自己会想办法解决，把这个月扛过去就好

第二章 防范，真的重要

了，让陈年安心工作，特别要注意身体，要是陈年身体再出问题，她真的就不知道顾哪头了。

女子已处于困难之中，还这么为陈年着想，陈年甚是感动。陈年说，钱的事情他们共同想办法，他今天先提前请个假，然后订机票，明天一早就飞来海蜃市和她一起分担。

女子说，手术还没有做，母亲现在生活还能够自理；只是医生说颅内动脉瘤随时有破裂的可能，现在最关键的是尽快筹钱做手术；她已向亲戚朋友筹到10万元，还差10万元，陈年坐飞机过来也是一笔开销，还耽误工作，让陈年先别来。

陈年让女子别把他当外人，那10万元他来筹。他手里还剩3万元，再借7万元应该没有问题，他一会就给亲戚朋友打电话。

第二天中午不到，陈年找亲友筹的7万元钱已到账，很快就联系女子把钱转了过去。女子十分感激，表示等她来全安市和陈年组建家庭后，一定会加倍地对陈年好。

随后的几天，女子和陈年的交流就变少了。陈年知道，女子应该在忙母亲住院的事情。

一周过去了，陈年问女子伯母手术情况怎么样了。女子说，刚做完手术，还在恢复中，自己最近很累。

陈年说，伯母做了这么大的手术，这段时间她非常辛苦，让她把医院具体地址告诉他，他去探望一下。女子说，再说吧，很累，要去睡觉了。

后来一段时间女子都不和陈年说话了。

这几天公司被骗的事情被大家传得沸沸扬扬的,也引起了陈年的警觉。陈年冷静地把自己和女子交往的前前后后认真梳理了一下,发现自己在没有和女子见面,也没有核实对方身份和事实真假的情况下,居然已经把65万元给了对方。

陈年越想越觉得不对劲,让晓安帮忙判断。晓安估摸着陈年遇到了"杀猪盘",被人网络诈骗了。

警察普法讲堂

一些不法分子以网络恋爱交友之名行诈骗钱财之实,此类诈骗全国很多地方都有发生,危害巨大。在"网络恋爱"过程中,许多被害人的感情和财物投入巨大,被骗后遭受精神、物质的双重打击,对生活和感情失去信心,甚至呈现出抑郁、自杀倾向。

1. 网络恋爱的真实性有多少?

一般来说,没有实际见面并核实过对方身份的网络恋爱,都是存疑的。在电脑和手机的另一端,你以为的美女可能是一个大叔,你以为的帅哥可能是一个大妈。同性往往更懂同性的心理,不过,对方更可能是一个"专业"的骗子团队。

电信网络诈骗犯罪分子会根据受害人的性格特点和心理

弱点，提前编造剧本和话术，以此与受害人进行沟通交流，目前利用人工智能（AI）技术换脸、换声的精准视频诈骗也已经出现，让人防不胜防。

所以，仅从逻辑上推断，是不容易发现对方的骗术和漏洞的，除非与对方见面核实，而骗子会使尽浑身解数，编造各种理由来逃避见面。网络另一端你以为的灵魂伴侣，极大概率是一个虚假的存在，真实目的只有一个——骗光你的钱。

一旦被骗，既伤感情又伤钱，许多人都像陈年一样，情感上遍体鳞伤，金钱上血本无归，还欠了一屁股外债。网络恋爱还是慎谈为妙。

2. 什么是"杀猪盘"，具体是怎么操作的？

"杀猪盘"是一个网络流行词，指的是一种通过建立和经营虚假网络恋爱关系，编造理由骗取受害人钱财的一类诈骗。"杀猪盘"起源于东南亚地区，诈骗分子把危害对象称为"猪"，把经营虚假的恋爱关系称为"养猪"，把骗取钱财称为"杀猪"，危害性极大。

"杀猪盘"诈骗，大体可分为以下四个步骤：

步骤一，"选猪"。通过网络婚恋、交友平台等渠道，选择经济条件相对较好，对感情有一定需求的人作为目标。

步骤二，"诱猪"。在添加受害人成为好友后，把自己包装成"高富帅"或者"白富美"，频繁地嘘寒问暖，取得受害人的接纳和认同，套出工作、收入、爱好、家庭状况等各种信息。

步骤三，"养猪"。巧妙地通过 PUA（搭讪艺术，或称情感操控）对受害人推拉结合，让受害人对未来充满幻想，在情感上对其欲罢不能，形成所谓的"男女朋友"关系。

步骤四，"杀猪"。完全取得受害人信任后，编造后台关系、内幕消息、生意不顺、家庭变故等各种理由，或设置彩票网站或投资软件漏洞，引诱受害人帮扶或投资，并给以虚假的美好憧憬或预期收益，逐步诱使受害人加大投入，甚至借外债，直至受害人再也拿不出钱为止，最后拉黑受害人联系方式，从此消失。

3. 如果网络交友避免不了，该怎么防范才能不被骗呢？

防范电信网络诈骗，最关键的，是提升风险意识。在此提出三点建议，总结为"三个警惕"：

第一，警惕随意结交网络朋友。对网络朋友要通过视频、电话、见面、背景信息等多种方式核实对方身份真假，不可轻信花言巧语，并注意人身和财产安全。

第二，警惕太过完美的人设。那些有颜值、有资产、有品位、有才华，又体贴入微的人在现实生活中十分稀缺，也不一定有时间沉迷网络恋情。一旦遇上这样完美的人主动搭讪，要格外当心。那些所谓的"白富美""高富帅"背后极有可能是张着血盆大口的骗子团队。

　　第三，警惕涉及金钱的事项。网络交友中一旦涉及网络投资、生意困难、重大疾病、共同买房、出国留学等需要投入大量钱财的事项，存在诈骗的可能性极大，要避而远之。万一不小心被骗付款，要迅速止损，并报警处理。

（三）倒贴的"岗位"

第二章　防范，真的重要

小白赋闲在家，每天大部分时间都与手机为伴，追剧、看头条新闻、刷朋友圈。

一个偶然的机会，小白从小区微信群里看到了一个居民转发的一张兼职广告图片，上面写着，某电视厂商为回馈广大客户，现开展品牌电视抽奖活动，欢迎广大市民扫描二维码踊跃参与。

小白想，反正闲着也是闲着，不如试一下手气，父母家中的老电视早就该换了，于是抱着试试看的心情扫了广告上的二维码。很快，小白进了一个已经有很多成员的微信群。

微信群里，群主说，为了提高电视厂商销量和好评度，获取抽奖机会需要先做任务，任务做得越多，中奖率越高，且每次任务完成后会有佣金，最高收益能达到1500元，所以就算没有抽到电视，大家做兼职任务也是有收益的。不过，活动时间到明天中午就截止了，机不可失，时不再来。

这时，微信群中成员纷纷议论开来，有质疑好处能不能兑现的，有迫不及待地问怎么开始任务的，有猜测中奖概率是多少的……

大家议论得正热火朝天，群主在微信群里发了一张X企业的营业执照，一张X企业的员工工作证和一张匹配的身份证照片。

群主声明，X企业是一家有知名度、有信誉、有担当的公司，不可能兑现不了，个人愿对抽奖的真实性负全部责任，持怀疑态度的可以退群，机会难得，也不是人人都有获奖机会。

有成员说，不就是做个任务嘛，也不会亏什么，群主快说怎么具体操作吧。很快引来了其他成员的应和。

群主发了一个链接，说这是 X 企业的 APP，一般的小企业也做不了这个，请大家放心下载安装；接着又发了一份操作文档，让成员按照流程步骤做好登记和后续任务操作。

群主特别强调，X 企业是正规企业，请大家务必要按照 APP 信息登记要求，认真填写个人身份信息和联系方式，到时企业会对中奖客户以及做任务后得到佣金的客户进行抽样回访，确保不发生舞弊行为。操作过程中，大家有疑问可以点对点咨询，我会第一时间进行解答。

小白顺利地下载了 APP，按照说明文档的流程认真填写了身份信息、联系方式，其中有一个选项需要填写银行卡号和开户行。

小白私信问群主，填银行卡信息做什么。群主说，你没看仔细，做任务后会返还佣金的，佣金是直接返还到银行卡的，不然你的任务就白做了。小白表示明白后，快速地绑定了银行卡信息。

由于小白还没有做任务，APP 上显示中奖率为十万分之一。小白想，这中奖率也太低了，先投石问路，做一个小任务，看中奖率能不能涨上来。

按照说明文档的操作流程，小白很快在某知名电商平台上选择了一个 X 企业官方旗舰店标价 59 元的遥控板，进入待付款环节后截图发给了群主。

群主对小白说，请按照操作流程，把截图上传到 X 企业 APP，然后在 APP 里付款，我会以片区管理员身份迅速核实确认后，再将你的付款和佣金返还给你，平台也会自动提升你的中奖率。至于电商平台官方旗舰店的订单，由于提交订单的人数急剧增长，公司会在两天内统一处理，到时你给一个好评即可。

在 APP 上传照片并支付遥控板的金额后，小白再次私信群主，很快就发现 59 元支付款已返回账户，并获得佣金 5 元，中奖率从十万分之一提升到五万分之一。小白心想，中奖率还是有点低，再多下几单试试，看中奖率和佣金会不会有所提升。

于是，小白又在电商平台买了 X 企业的一个 200 多元的摄像头，在 APP 上完成照片上传和金额支付后，中奖率很快提升到三万分之一，支付金额返回后，又获得佣金 10 元。接着，小白又买了一台 600 多元的低配电视，完成全部操作后，中奖率变成一万分之一，支付金额返还后得佣金 15 元。小白又把赚得的 40 元佣金试着提现，不到三分钟，银行到账的信息就发来了。

很快群主私信联系小白说，其他同事负责的片区做任务单的进度非常快，中奖率高的都达到 95% 了，企业拿来抽奖的 1000 台电视机已经有一半被抽走了，越往后中奖率越低，电视机很快就会被抢完了，建议你试着做价值高一些的

065

任务单，这样中奖率会大幅提升，佣金也会多很多，同时发了一个价值 4500 多元的电视机页面截图。

小白稍加犹豫，还是在电商平台上下了单，完成全部操作后，发现中奖率变为了三千分之一，获得佣金 60 元。小白觉得就算不中奖，这佣金也还是很可观的。

群主又给小白发了一张价值 19999 元的电视截图，对小白说这是高价值客户的任务单，做完一单中奖率将变成五百分之一，佣金为 200 元。小白很快完成了操作，却发现支付款没有返回，佣金也没有到位。

小白问群主怎么回事。群主回答说，我当时看你的中奖率有点低，给你设计了一个连做三单的任务，这样你的中奖率可以达到 85%，本想询问一下你这边要不要做呢，谁知中间接了个电话，还没来得及跟你说，你就已经完成操作了。

小白问，那接下来该怎么办？群主说，连下三单是企业在设计任务时的制度规定，我这边也没有办法改变，只能辛苦你把剩下的两单做了，到时候预付款和佣金很快就能到账了，我算了一下，到时你三单的佣金能到达 600 元。

小白想，佣金还算可以，那就先这样吧。完成剩下两单后，小白果然发现中奖率为 85%，佣金为 600 元，不过本金却没有显示。小白马上问群主怎么回事，群主说，你先别急，我咨询一下后台技术部门，很快就能给你解决。

一会儿，群主回复小白，技术部门检查过了，小白在操作时存在支付延时的问题，系统认为小白有故意占用资源的嫌疑，已对小白的账户进行了封锁。

小白说，不会吧，我做完任务很快就通过手机银行支付了，如果延时也是你们系统的原因。

群主说，由于做任务的人非常多，系统资源被挤压很严重，应该是你在支付时系统存在延时的问题，刚才技术部门修改了你账户的支付技术参数，后面保证不会再出现延时的问题了。

小白说，问题在你们，现在也解决了，可是我没看到我的预付款，这是怎么回事？群主说，技术部门说了，要解除封锁的账户，用户需要重复上一个任务，完成账户会自动解锁，这是系统内置的程序，他们暂时也没办法。

小白说，那我还需要做一个19999元的任务单？群主说，三个单才构成一个任务，你需要做三次。

小白说，我已经垫付了近6万元了，银行卡还剩4万元，不够做三次。群主说，要不你再借2万元吧，做完三次账户就激活了，你的垫付款可以一次性全部取出，包括1200元佣金，另外电视机中奖率将达到99.9%，煮熟的鸭子就等着你来拿了；如果你不马上做任务的话，到时电视机都被别人抢走了，而且你的佣金会全部归零，当然，垫付款我们会返回给你。说完，还发了一张价值5999元的中奖电视图片。

小白狠了狠心，打电话找朋友借2万元钱周转，说当天晚些时候就归还。钱到账后，小白很快完成了三单操作。果然，近 12 万元的垫付款很快在 APP 上显示出来，中奖率达到 99.9%，佣金 1200 元。

小白对群主说，现在我可以抽奖了吧。群主说，非常不好意思，由于抽奖人员众多，现在只剩下一台电视机了，而且在你前面还有一个高价值客户，他现在的中奖率为 99.99%，如果你再完成一个 19999 元的任务单，那电视机就是你的了。

小白说，可是我已经没钱了啊，还借了 2 万元。群主说，就差一小步了，你再借借吧。

小白定了定神，想到等自己把钱借到，电视机估计早就被抢走了。于是，小白试着提取 APP 上的本金和佣金，发现根本就操作不了。

小白又问群主怎么回事。群主说，你再完成一单就可以操作了。

小白说，再完成一单电视也没有了，不找人借钱了。群主说，你借吧，会给你保留的，再完成一单，电视机就是你的了。

小白说，我确实没钱了，你让我把垫付的资金和佣金取出来就行。群主说，你不借钱的话，就等着吧。

小白想再争取一下，发现聊天信息发送失败，已经被拉黑了。很快，被踢出抽奖微信群的提示信息跳了出来。

小白顿时脑袋一片空白，自己垫付了近 12 万元，结果什么都没得到，扎扎实实地被人诈骗了。

警察普法讲堂

怎样防范刷单兼职被骗？

刷单是伴随电商兴起产生的衍生词汇，一般指网店卖家通过花钱雇用他人假扮顾客虚假购物并作出好评的行为，以此来提升网店的销量排名、信用度和好评度，借以吸引顾客流量提升盈利水平。刷单违反《消费者权益保护法》和《反不正当竞争法》，涉及虚假宣传和不当竞争，是违法行为。

故事中，小白抽奖被诈骗是刷单兼职诈骗的一个变种，抽奖送礼品是幌子，不法分子利用人们贪便宜的心理引起关注，引诱别人来垫资刷单做任务，达到诈骗的目的。

犯罪分子通过派单，让被害人刷单做任务，承诺返利来进行网络诈骗，可以归结为 "一引四信" 五个阶段，具体为：

阶段一，引流——广撒网。通过网络论坛、招聘网站、朋友圈、短信、微信等多种途径，大量发放编造好的招人写购物好评、录音、点赞、做公益活动等"招聘信息"，或者企业送福利、网络博彩致富、提供色情服务等"诱惑信息"，吸引他人关注。

阶段二，取信——假登记。盗用知名品牌的官方标识，主动出示营业执照、工作证、身份证等，发放入职流程、填写入职申请表、下载 APP 等方式给人正规工作机构的感觉，取得受害人的初步信任。

阶段三，增信——给甜头。引诱受害人做小额度垫资的刷单任务，在本金返现的基础上给予小金额佣金或其他好处，进一步取得受害人的信任。

阶段四，固信——滚雪球。获得受害人信任后，增加刷单任务垫资金额，展示快速进行本金及佣金提取的流程，彻底打消受害人的顾虑，诱使不断增加垫资数额。

阶段五，失信——吃干抹净。利用受害人规避损失的心理，编造任务未完成、系统故障、操作失误、账户被冻结等理由，引诱受害人倾尽全力垫资做刷单任务，直至受害人承担不起，发现被骗为止。

当然，不是所有的刷单诈骗都有上述五个阶段，但是不法分子引诱受害人垫资做任务返利行骗的本质不会变。

最后，特别提醒注意，刷单是有违社会诚信的违法行为，参与、组织刷单均不合法。

（四）取不出的"投资"

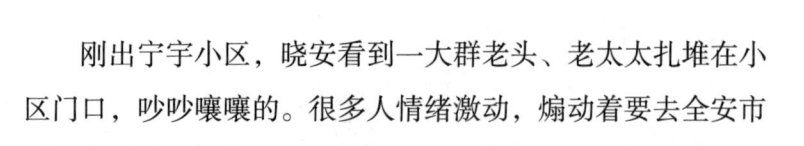

刚出宁宇小区，晓安看到一大群老头、老太太扎堆在小区门口，吵吵嚷嚷的。很多人情绪激动，煽动着要去全安市公安局讨要损失。

晓安驻留观望了片刻。从老年群体的谈话中，晓安大致得知了事情的经过。

年初，宁宇小区方爷爷的朋友向他介绍了一个能源投资项目，展示了《新闻联播》关于该项目的相关报道，以及领导出席项目活动的视频。

当听到项目是国家支持的重大能源项目，目前处于资金紧缺阶段，且在投资满一个月后可以任意支取，月回报率为5%时，方爷爷心动了。

在朋友的帮助下，方爷爷登录相关网站，注册了账号并绑定了银行卡。起初，方爷爷较为谨慎，只投了100元。

一个月后，方爷爷经朋友提醒，登录账号后发现果然有了5元的回报。

后面三个月时间，方爷爷一步步加大了投资，最终投入5万元，累计回报4500余元。其间，方爷爷试着取过几次钱，都能很快到账。

短短三个月的回报就已经超过了自己一个月的退休金，方爷爷喜不自禁，忍不住将这个消息告诉了其他老年朋友。

国家重点项目加上高额收益，当然很诱人。很快，口口相传，小区里有二三十个老头、老太太参与了投资，这也成为小区老年人的日常谈资。

很多老年人把全部养老钱都投了进来，想到一年时间养老钱可以涨将近50%，这钱生钱的投资确实不错。

过了小半年时间，小区王奶奶临时有事，需要取一笔钱，结果发现根本就取不出来。王奶奶在投资的其他老年人中问了一大圈，发现大家都取不出了。

家里的年轻人总是很警觉，听到老年人的钱取不出来后，第一反应就是老年人被骗了。很快，小区的老年人都发现被骗了，招呼着一起去山南派出所报案。

看到一大群老头、老太太来报案，山南派出所高度重视，通过查询公安部的相关办案系统，发现这个所谓的重点投资项目在一个月前就已经难以为继，全国各地陆续有人到公安机关报案。

由于人数众多，山南派出所对老年人推举的代表做了询问笔录，告知老年群体此案会进行并案处理，让他们回家等消息。

为了解办案进展，老人们时不时跑到山南派出所过问案件办理情况。得到的答复是，该案件涉及全国十余个省市的1000余人，金额过亿元，还在深入办理过程中。

转眼，时间过去了一个多月，当老人们听说犯罪嫌疑人已经被全安市公安局经侦支队抓获，涉案公司就在全安市且涉案资产已经被冻结的时候，纷纷激动不已。

有人担心，案子涉及的人非常多，如果不早去全安市公安局讨要被冻结的资产，那些先去讨要的人将资产瓜分后就轮不到自己了。

于是，老人们聚集在小区门口，准备集体到全安市公安局要求返还损失。还没出发，山南派出所和沿江区公安分局经侦大队的民警得到消息后，迅速赶了过来，对老人们进行解释劝导。

面对情绪激动的老年人群体，经侦大队民警认真介绍了办理非法集资案件的"三统两分"原则，即统一指挥协调、统一办案要求、统一资产处置、分别侦查诉讼、分别落实维稳，特别就统一资产处置作了详细说明，打消了老人们担心资产被提前瓜分的疑虑。

针对老人们提出投资项目在《新闻联播》都播出了，还有省级领导参加活动，政府必须赔偿损失，民警解释说，这是犯罪分子移花接木的骗人把戏，犯罪分子截取《新闻联播》和领导活动的部分视频片段，再找相对专业的人来配音，让人误以为是国家项目。事实上，这个所谓的国家项目，经公安机关调查发现根本就不存在。

老人们听说之后，纷纷咒骂犯罪分子太狡猾、太心黑、太丧尽天良，连老年人的养老钱也骗。在民警表示一定尽全力帮助大家挽回损失后，老人们陆陆续续离开小区门口。

不是网上投资吗，怎么涉及非法集资了？晓安心中有个疑惑。

第二章　防范，真的重要

警察普法讲堂

1. 怎样识别非法集资？

根据《防范和处置非法集资条例》，认定非法集资，需同时满足三个条件：

第一，非法性。未经国家金融管理部门依法许可，或者违反国家金融管理规定吸收资金。

第二，利诱性。许诺还本付息，或者给予其他投资回报。

第三，社会性。向不特定对象吸收资金。

非法集资形式多种多样，主要涉及四个类别：（1）企业平台类。通过设立互联网企业、投资咨询企业、交易平台、专业合作社、资金互助组织等吸收资金。（2）证券资产类。以股权、债权、基金、保险、资产管理、虚拟货币、融资租赁等名义吸收资金。（3）商业活动类。在销售、服务、投资项目等商业活动中，承诺以货币、股权、实物等回报形式吸收资金。（4）媒介通讯类。违反法律法规，通过大众传播媒介、即时通信工具或其他方式公开传播吸收资金信息。

非法集资有很多伪装的招数，主要表现为"三高"：

一是虚构"高大上"项目。以"新技术""新革命""新业态"等重大项目为幌子，通过虚假的豪华办公条

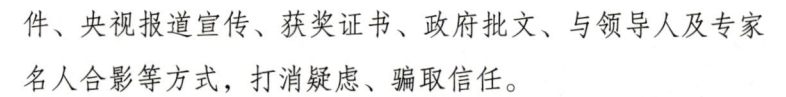

件、央视报道宣传、获奖证书、政府批文、与领导人及专家名人合影等方式，打消疑虑、骗取信任。

二是编造"高回报"神话。利用投资者追求暴富的心理，描绘前景广阔的发展蓝图，许诺高额投资回报，初期通过返点、分红等方式让投资者尝到甜头，追加投资，并动员投资人发动众多亲友加入。

三是蓄意"高频度"造势。采取新闻发布会、产品推介会、媒体宣传、明星代言、名人站台、知识讲座、集体旅游、实地考察、社会捐赠等多种方式宣传造势，迅速扩大参与人员数量和集资规模。

2. 非法集资的危害有哪些？

非法集资的危害还是比较大的，除严重干扰国家正常的经济、金融秩序外，主要还涉及以下三个方面的危害：

危害一，人数多、金额大。以2014年发生的"e租宝"案件为例，据不完全统计，该案通过网络方式非法吸收全国各地近90万人的资金500余亿元，影响巨大。[①]

危害二，挽损难、损失重。非法集资钱款很大一部分被犯罪分子挥霍一空或用于投资后亏损了，很难追回，很多人被骗得血本无归，甚至还欠了一屁股外债。

---

① 《"e租宝"非法集资案真相调查》，载人民网，http://money.people.com.cn/stock/n1/2016/0201/c67815-28100147.html，最后访问日期：2025年4月25日。

危害三，严重影响社会稳定。由于投资受损人员的钱款很难被追回，一些人会采取自杀、堵路、群体集访、发表极端言论等过激方式表达诉求，影响社会稳定。

3. 怎么防范非法集资？

防范非法集资，请牢记三个字：

第一个字，"戒"。戒一夜暴富的心理，天上不会掉馅饼，微利时代的高投资回报非常稀缺，谨记事出反常必有妖。

第二个字，"辨"。辨别企业营业资质是否合法，宣传内容是否虚夸，经营模式是否真实可行，通过网络查询、询问业内人士、实地考察等多种方式辨别真假，防止头脑发热、偏听偏信。

第三个字，"慎"。慎重面对高收益的投资机会，收益越大风险越高，不要盲目随大流，理性评估个人风险承担能力，通过正规渠道投资理财，投资路上万不可铤而走险、孤注一掷，防止一失万无。

四、"杀熟"的传销

第二章 防范，真的重要

晓安上大学期间，和同年级、同宿舍的幸明十分要好，两人是无话不谈的好朋友。

一次聊天中，幸明告诉晓安，他们大学的师兄汪路在全安市从事市场开拓工作，月薪超过3万元，比自己的工资高出一大截。在师兄汪路的竭力劝说下，幸明决定趁暑期到全安市考察一下。

听到幸明要到全安市来，晓安十分欢迎。没过几天，晓安在全安市高铁站见到了久违的幸明，为尽地主之谊，晓安带着幸明在全安市几处著名的景点逛了一圈，晚上两人一起喝酒畅谈。

第二天一早，幸明要去师兄汪路的公司考察，晓安还有一堆事情要忙，彼此就分开了。之后，两人有过几次简短的通话。

到第四天快下班的时候，晓安接到幸明的电话，约定晚上见面。见面后，晓安关心地问幸明工作考察得怎么样。幸明则是一副愤愤不平的样子，讲述了近三天的经历。

幸明和师兄汪路见面的头两天，汪路也带着他在全安市大大小小的景点游览。其间，汪路不时地介绍公司的产品有多先进、市场前景有多广阔，偶尔还点开手机让幸明看里面的新闻介绍。

头一天，幸明被汪路说得热血沸腾。特别是当汪路说他老家在电力公司上班的表弟，以及在一所中学教书的高中同学也过来了，大家可以共创一片天地时，幸明心想，看来是来对了。

等到第二天下午，幸明慢慢觉得不对劲了。这两天和汪路出行，坐的都是公交车，吃的饭不是面就是十几块的便餐。幸明心想，汪路一个月3万多元的工资，不应该是这个待客之道吧？而且汪路身上穿的衣服和使用的手机是很普通的大路货，手机屏也已经摔出裂痕了。

起了疑心后，幸明要求汪路尽快带他到公司参观。

按照汪路的意思，还要过两天，等幸明完全认同公司的经营理念后，再带他去参观。但是，赖不过幸明的坚持，汪路答应第二天上午带他去公司。

晚上，幸明越想越觉得不对劲。幸明上网查了一下，觉得自己可能遭遇了传销。于是，幸明拨通了女朋友的电话，约定第二天八点以后，每隔两小时左右，给女朋友发一次信息，如果超过四小时没有发信息，那就是情况不妙，让女朋友马上报警。

次日上午，幸明在汪路的带领下，走进了一栋老旧的居民楼。进屋后，幸明发现在一个不到80平方米的屋子里面，有七八个男女，对他的态度异常热情，纷纷表示欢迎他的加入。

幸明对当前的环境非常失望，也对屋里的人保持了高度警惕。有人提出帮幸明手机充电，幸明表示手机电量还很充足；有人提出请他拿出身份证，做一下入职登记，幸明说身份证忘在酒店了，后面再送过来。

第二章 防范，真的重要

当幸明准备离开屋子时，汪路挡在了前面，另外又有两三名男子凑了过来。幸明说，自己来之前就发现不对劲，已经和朋友说好了，现在马上快10点了，如果自己不能在20分钟之内回电话，很快就会有警察赶过来。

见幸明毫无畏惧，汪路和其他几个男子顿时没有了气势。面对幸明底气十足的样子，汪路等人也不敢轻举妄动。

汪路一脸诚恳地对幸明说，别走啊，咱们一起干大事、挣大钱。听到汪路的话，幸明一脸鄙夷，果断地打开门，头也不回地走了。

后来汪路给幸明打过几次电话，幸明直接挂断，懒得搭理。

听完幸明的讲述，晓安着实为幸明捏了一把汗，还好幸明很精明，反应也快，换作没有警惕心的人，交出手机和身份证后，想要脱身可就难了，指不定要坠入传销的魔窟了。

警察普法讲堂

1. 怎么识别传销？传销有哪些危害？

传销是组织者通过发展下线人员，以下线人数或销售业绩计数付酬的一种非法商业行为。一般来说，只要满足两个条件，基本可以认定为传销：

条件一，发展下线。组织者通过发展人员，要求被发展人员发展其他人员加入，以"拉人头"的形式形成自己的

081

下线。

条件二，按数计酬。以发展人员的数量、交纳的入门费、认购商品金额或销售业绩等计算报酬，牟取非法利益。

传销的危害，主要有以下三个方面：

危害一，造成严重财产损失。实质上，传销是极少数人诈骗大多数人的敛财把戏，绝大多数参与人都会被骗得血本无归，甚至倾家荡产。

危害二，冲击诚信伦理道德。参与人为发展下线赚钱，不惜将同学、朋友、亲戚甚至配偶和父母拉入泥潭，导致人与人之间的信任度严重下降，甚至亲友反目成仇。

危害三，严重影响社会安定。一些线下传销组织会对不服从管理人员采取软禁、殴打等不法行为，甚至造成被害人死伤。一些参与人员被骗后走投无路，会发生聚众闹事或严重暴力违法犯罪行为。

2. 普通人怎么防范传销？

普通人防范传销，要做到三个"防"：

第一，防暴富心态。天上不会掉馅饼，要理性评估自身的技能水平，不要企图赚超出个人认知和能力范围的钱，妄想一夜暴富很容易掉入传销陷阱。

第二，防过分关心。传销的一个主要特点是"杀熟"，对那些违反常态频繁联系、过度殷勤，同时还主动介绍高薪工作或发财机会的人，要保持高度警惕，小心为上。

第三，防不做准备。对他人介绍的工作单位或项目，如果认为有一定可行性，还要通过征求亲友意见建议、上网查询、实地调查核实、深入询问具体情况等方式，综合分析研判，提前防范可疑之处，防止不做准备、偏听偏信，造成不可挽回的损失。

做到以上三点，平时再适当关注学习一下防范传销方面的知识，遭遇传销的机会就微乎其微了。

3. 如果不幸掉入传销陷阱，怎么办？

从实践中的一些案例来看，如果不幸掉入传销陷阱，建议从以下方面自救：

建议一，生命第一位。人在，什么都在。千万不要因掉入传销陷阱而丧失信心，采取过激行为，更不要寻短见。要坚信困顿只是暂时的，表面上配合、服从，保护好自身安全，等待合适机会脱身。

建议二，位置摸清楚。位置是获取外界帮助的关键信息。要通过记门牌号、手机定位、询问他人、找标志建筑物等多种方式，尽量明确自身所在的具体位置，便于后续营救。

建议三，时机要创造。保持思考逃脱的主动性，通过外出购物、装病就医、打电话暗示、投递求救纸条等方式，创造脱离苦海的机会。一旦外出时乘机脱离掌控，要往人多的地方跑，请他人帮助及时报警。

五、毒品，一定要远离

这几天，宁宇小区 3 栋发生的一起高坠死亡两人的事件吵得沸沸扬扬。

经公安机关深入调查，起因系多名年轻人在楼顶聚众吸食毒品，吸食过量后产生幻觉，最终导致惨剧。

死者为两名 20 岁出头的年轻人。警察赶到事发现场时，楼顶另有数名年轻人吸毒过量后仍处于昏迷状态。

死者之一是小区水电维修工老张的儿子，在校大学生，也住在 3 栋，晓安认识他，见面经常打招呼。

老张以前是农民，近年才搬进宁宇小区，家境不太好，年近 40 岁才结婚生子。老张对儿子非常疼爱。好不容易把儿子培养进大学，结果一下子人没了。中年丧子，还是独子，这对年近 60 岁的老张打击之大可想而知。

晓安对身边熟悉人的意外逝去表示惋惜。老张的儿子看上去斯斯文文的，还在读大学，晓安从来都没有想过他会吸毒。

身边出现了吸毒的人，晓安总是有些隐隐的不安全感。说不定什么时候吸毒者毒瘾发作，搞不好会做出伤害他人的事情，晓安不禁对自身所居住环境的安全性产生了担忧。

警察普法讲堂

1. 对于潜在的吸毒人员，有必要过分担心吗？

在回答这个问题之前，先问两个问题。

第一个问题：您会过分担心交通意外事故吗？

可能很多人觉得，只要遵守交通规则，多留意周边环境，发生交通意外的概率很小，不会过分担心。

第二个问题：您平时看新闻，感觉吸毒人员伤人的新闻多，还是交通意外事故的新闻多？

从现实生活来说，交通意外事故的新闻似乎总能看到，而吸毒人员肇事伤人的新闻一年到头也看不到几次。

吸毒人员毒瘾未发作时，其言行和正常人基本没什么两样。其实，我们很少能在街面、商业区、居住小区等实地看到毒瘾发作的人。

如果您的生活经验和上面两个问题的回答一致，那也没必要过分担心吸毒人员会伤害到您，保持适度的警觉就好。

事实上，除那些制毒、贩毒、牟取暴利的犯罪分子外，绝大部分的吸毒人员也是受害者，我们在日常社会生活中，应更多地给予体谅和包容。

2. 毒品有哪些危害？

毒品的危害巨大，主要表现在以下方面：

从吸毒者个人层面来说，吸毒严重影响身体机能，导致人体弱多病，很多吸毒者由于陷入不健康的生活方式、使用不洁净的吸毒器具而染上梅毒、艾滋病等传染性疾病，容易出现嗜睡、幻觉、思维障碍、性格扭曲等问题，还容易诱发自伤、自残、自杀等行为，工作、学业很难再继续下去。

从吸毒者家庭层面来说，吸毒需要大量金钱维持，吸毒者不得不把经济压力转嫁给家庭，往往会导致倾家荡产、亲人反目、妻离子散。

从社会层面来说，不少吸毒者在耗尽个人和家庭钱财后，走上以贩养吸、盗窃、诈骗、卖淫等违法犯罪道路，严重败坏社会风气，影响社会文明和谐，一些艾滋病等传染病患者还会造成疾病传播。

从国家层面来说，根据《2024年中国毒情形势报告》，截至2024年年底全国现有吸毒人员74.7万人。[①]这些吸毒人员大部分都是青壮年，很多都因吸食毒品而丧失了劳动能力，这对国家来说是严重的人力资源损失。同时，国家为了打击涉毒违法犯罪和服务禁吸戒毒等工作，又投入了巨大的人力、物力、财力。

3.为什么吸毒危害这么大，还有那么多人去吸呢？

吸毒的原因主要表现在以下五个方面，归结为以下几点：

第一，好奇心。很多人追求新奇事物，在好奇心驱使下吸食了第一口毒品，最终一发不可收拾。

第二，自弃心理。有些人在工作生活中碰到打击和挫

[①] 《2024年中国毒情形势报告》，载中国禁毒网，http://www.nncc.org.cn/20250619/0138053b3ba24a2c859ead85cf7b8106/c.html，最后访问日期：2025年6月25日。

折后自暴自弃，在一些狐朋狗友的影响下，以吸毒来逃避现实。

第三，逆反心理。有些人偏要以身试法，明知法律禁止还要吸食毒品，有的青少年就是这样。

第四，愚昧心理。有些人盲目认为吸毒后可以凭借个人意志力戒除毒瘾；有些人把吸毒作为报复亲友的手段，有些人纯粹就是为了随大流或炫耀；有些人内心空虚，想寻求感官刺激；还有些人被诱骗吸毒能减肥、提神、增强性功能；等等。最后深陷毒瘾，难以自拔。

第五，无戒备心。有些人结交朋友不够慎重，无戒备心，被不法分子诱骗、胁迫吸毒，或被人在香烟、饮料、零食等食物中投放毒品，未能辨别。

4. 为什么染上毒瘾后想戒毒那么难呢？

毒瘾戒断可以从生理戒断和心理戒断两个方面来说，这两个戒断对吸毒者来说都是两道很难跨越的坎。

从生理戒断来说，吸毒成瘾会打破吸毒者的中枢神经物质的代谢平衡，造成身体神经紊乱，甚至改变大脑的结构与功能。吸毒者一旦停用毒品，会出现周身疼痛、打哈欠、乏力、流泪、身体消瘦、睡眠不好等戒断反应，戒断期间吸毒者会非常痛苦。

从心理戒断来说，这是一个更艰巨的挑战，"一朝吸毒，十年戒毒，终生想毒"。吸毒的快感在大脑中形成了印记，吸毒者一旦重新遇见曾经一起吸毒的人，或重新回到曾经的吸毒地点、交易地点，又或看到吸毒器具等，都可能条件反射地勾起心瘾，造成复吸。因此，有"毒瘾好戒，心瘾难除"一说。

5. 普通人该怎么防范毒品危害？

防范毒品危害，需要广大人民群众共同参与防范，做到以下五个方面：

一是提升认识。深刻认识到吸毒对个人、家庭、社会、国家的巨大危害，一旦染上毒瘾，想要戒除是非常困难的，要像远离毒蛇一样远离毒品。

二是增长知识。通过网络、电视、书本、教育场所、国际禁毒日宣传活动等渠道了解禁毒知识，学会识别常见毒品，了解吸毒成瘾过程、对身体机能损害、戒除的难度等方面的知识。

三是加强意识。保持对毒品的戒惧意识，不要因好奇、逆反或受挫心理去触碰毒品，任何时候毒品都不是逃避和解决问题的方法，不交有不良习气的朋友，在娱乐场所保持戒备心。

四是增强共识。毒品是社会的公害，禁绝毒品除政府部门严打严管严控外，更需要公众参与。全社会共同治理毒品，才能收到最大成效。

五是学习常识。一般来说，吸毒人员对我们的安全造成危害的概率较低，可以保持警惕，但没有必要对身边的吸毒人员过度担心，更不应该歧视他们，应该给予更多的宽容和理解，帮助他们重拾信心、开始新的生活，防止他们自暴自弃，做出一些危害社会的事情。

六、赌博，千万沾不得

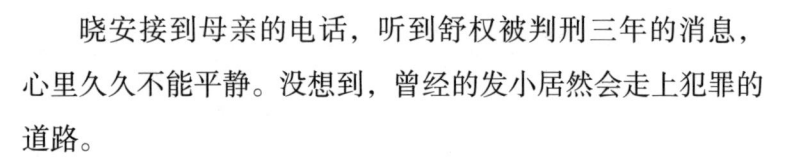

晓安接到母亲的电话，听到舒权被判刑三年的消息，心里久久不能平静。没想到，曾经的发小居然会走上犯罪的道路。

晓安和舒权是邻居，从小一起长大，形影不离。两人学习上也不落人后，还相互激励，高中毕业后双双考上了大学。

大学毕业后，晓安找了工作，闯了一圈后，最终在全安市安家落户。舒权继续读了研究生，考上了邻省省会城市公务员，很快就娶妻生子，小日子过得也算美满。

晓安和舒权一直保持着联络，时不时问候一下彼此的近况，讨论一下工作和时事热点。后来，晓安发现舒权慢慢地变了，一门心思钻研买彩票、网络投资。

有一次，舒权对晓安说自己买彩票中了两万元，绘声绘色地讲着中彩票的经验，晓安也替舒权高兴了好一会儿。

后来，只要晓安和舒权联络，舒权都会讲到彩票和网络投资，并邀请晓安一起参与。

晓安知道自己安身立命的根本在于踏实工作，而不是一夜暴富的彩票和变幻莫测的网络投资。为此，晓安也劝过舒权回归本业。但他深知，自己永远也劝不回一个狂热的人。

再后来，两人之间的联系少了。有一次，舒权主动打电话给晓安，说找到了一个很好的投资机会。前期需要投入80万元，还差十几万元，问晓安能不能腾挪一下，3个月后一定归还。

第二章 防范，真的重要

晓安刚按揭贷款买了房，手中的确没多少闲钱。但是，舒权头一次来借钱，晓安抹不开面子，且舒权明确说了还款时间，晓安把账户所剩不多的钱挪了 5 万元出来给舒权。

半年后，晓安的父亲要做心脏搭桥手术，只好找舒权讨要了早已过还款期的借款。为此，晓安还向舒权充满歉意地说明了原因。

国庆假期，晓安回到老家后，听到左邻右舍谈起舒权的近况。舒权因涉嫌诈骗犯罪，已经被公安机关刑事拘留了。

原来，近一年来，舒权迷上了网络赌博，结果越赌越输，把多年的积蓄输得精光。为了捞回赌本，舒权以找到了一个很好的投资机会为名，向身边的同事以月利率 3% 借款 300 多万元，但是，很快输光了。身边能借钱的人都借过了，舒权又在网络借贷平台借款 40 多万元，投入网络赌博后又输了个精光。

接下来，舒权在不到半个月时间之内，将个人婚前买的一套房子以明显低于市场价的价格出售，先后与 4 个人签订房屋买卖合同，收到预售款 200 万元。拿到钱后，舒权又去网络赌博，结果可想而知。

交房时间临近，舒权交不出房，又拿不出钱退赔，购房人才知道被舒权骗了，纷纷报案。公安机关以涉嫌诈骗犯罪对舒权采取了刑事强制措施。

获悉舒权因涉嫌诈骗罪被公安机关抓获的消息后，舒权的妻子和父亲尽了最大的努力，到处找亲友借钱，同时把家里仅有的一套房子也卖了,但是仅仅偿还了部分欠款。

面对天天上门讨债的人员,舒权的妻子伤心欲绝,为了孩子有个相对安宁的环境,最终狠心和舒权办理了离婚手续。按照法律来说,舒权父亲本没有为成年儿子偿还债务的义务,却也掏尽家底帮儿子还债,对儿子失望透顶。

网络赌博没有让舒权得到理想的收益,反而让他成了一个诈骗犯,最终输掉了所有的积蓄、美好的前途、幸福的家庭和宝贵的自由。

警察普法讲堂

1. 为什么网络赌博禁而难绝?

赌博和毒品一样,败坏社会风气,破坏家庭和谐,滋生好逸恶劳的习气,是社会的毒瘤,千万沾染不得。

随着公安机关持续对赌博保持严打高压的措施,对赌场发现一起严厉打击一起,许多违法犯罪人员被绳之以法,线下赌博行为相对减少,但是网络赌博却明显增多。

网络赌博活动主要受境外团伙操控,向境内渗透,涉及面非常广,有的网站会员多达几十万甚至数百万人。网络赌博造成大量资金外流,滋生洗钱、盗窃、抢劫、诈骗、绑架勒索等违法犯罪,一些赌徒家庭破裂、事业损毁,扰乱社会治安秩序,影响社会和谐稳定。

网络赌博禁而难绝,其主要有以下三个特性:

特性一：隐蔽性，侦查打击难度大。为逃避打击，网络赌博服务器大部分设在国外，依靠内部隐语和行话进行交流，网上投注和交易的隐蔽性极强。同时，参赌人员彼此隐藏真实信息，以虚拟身份参赌，往往在几分钟甚至几秒钟内完成投注，公安机关侦查取证和打击难度极大。

特性二：欺骗性，先给甜头后收割。不法分子通过游戏、黄色网站等诱导公众点击网站链接、下载APP后参赌。所谓的对赌方，极有可能是一个犯罪团伙，通过网站后台设置输赢概率，前期会给点小甜头，确保赢小输大。就算所谓的在线实时发牌，也暗藏作弊手段。

特性三：成瘾性，一旦陷入难自拔。犯罪分子根据参赌人投机发财和寻求刺激的心理，精心设计参赌规则，让参赌人赢了还想赢、输了想翻本，欲罢不能，越来越沉迷，最终输得倾家荡产、债台高筑。

2. 如何远离赌博？

远离赌博，应该从思想上做到"三个深刻认识"：

一要深刻认识赌博的社会危害。赌博于社会风气、家庭和睦、个人身心健康和事业发展，有百害而无一利。

二要深刻认识赌博是违法行为。根据《治安管理处罚法》第82条规定，以营利为目的，为赌博提供条件的，或者参与赌博赌资较大的，处5日以下拘留或者1000元以下罚款；情节严重的，处10日以上15日以下拘留，并处

1000元以上5000元以下罚款。《刑法》第303条第1款规定了赌博罪，以营利为目的，聚众赌博或者以赌博为业的，处3年以下有期徒刑、拘役或者管制，并处罚金。

三要深刻认识赌博和毒品一样都触碰不得。千万不要抱着试一试的好奇心理去尝试赌博，一旦沾染赌瘾，短时间很难戒除，到时候追悔莫及。

通常而言，不以营利为目的，进行带有少量财物输赢的娱乐活动，以及提供棋牌室等娱乐场所只收取正常的场所和服务费用的经营行为等，不以赌博论处。因此，没有营利目，一般金额不大的棋牌娱乐是允许的，没必要担心。

3. 对于已经成瘾的人员，该怎样破除赌瘾呢？

要戒除赌瘾，建议从"消、思、断、净、转"五字措施着手，具体如下：

"消"，即消贪念。赌博十赌九输，唯一的赢家是庄家，就算一时小胜，最终也会输得底朝天；赌博发财纯属妄念，务必尽早打消。

"思"，即思危害。因沾染赌瘾倾家荡产、妻离子散、锒铛入狱的血泪教训比比皆是，多上网看一看这些惨痛的教训，想一想家人、朋友、事业前程，珍惜眼前的生活。

"断"，即断来源。如果控制不了赌瘾，可以将银行卡转交给信得过的亲友保管一段时间，让他们更改卡号密码、解除电子支付绑定，身份证也一并转交，防止网贷。向可能借钱给自己的亲友提前约定不能借钱。没钱了，自然就赌不起来了。

"净"，净环境。将电脑、手机上涉及网络赌博的软件、网址以及涉赌人员的信息清除干净，断绝与涉赌人员的见面与交流，如果避免不了见面，最好换个居住或工作环境，严防熟悉的人和事物激活赌博心瘾。

"转"，转移注意力。找一份正经的工作并全身心投入，业余时间参加职业技能培训或者培养锻炼、看书、摄影、书画、旅游等健康的兴趣爱好，多与亲友、同事沟通交流。

七、见义勇为，要注意安全

第二章 防范，真的重要

晚饭后，晓安一个人走出小区，到附近的山南公园散步。夜幕下的山南公园行人不多，伴着手机轻快的音乐，晓安悠闲地漫步着。

快走到公园一处的拐角处时，晓安听到"啊"的一声尖叫，应该是一名女性的声音。晓安稍微愣了一下，继续往前走。

没走几步，一名年轻的女孩慌慌张张地跑了过来。

"哥哥，我的包刚才被人抢走了！"女孩吓得不轻，带着惊恐的哭声，一把抱住晓安的胳膊。

"人呢，在哪里？"晓安义愤填膺地问道。

"往那边跑了。"女孩用手指了指公园湖边的一处方向。

顺着所指方向，晓安放眼望去，在昏黄路灯下目力所及的范围，人影已消失得无影无踪。

晓安本想往前追一段看看，但是女孩还是紧紧地抱着自己的手臂，不停地抽泣，惊恐未消。

"别怕！别怕！现在坏人已经跑了，不能把你怎么样，你没有受伤吧？"晓安关切地问候道。

"我没受伤，就是被吓到了！还有我的包被抢走了，手机也在里面。"女孩答道。

"走，我带你去派出所报警。"晓安想着派出所离这里也不远，走路七八分钟就到了。

刚走几步，晓安想起家中被盗的经历，觉得还是留在原地保护现场更妥当一点。

"妹妹，我们还是打110报警吧。山南派出所就在附近，警察开警车过来三四分钟就到了。而且，到时候警察还会让我们过来确认案发现场，进行现场勘查，方便后面巡逻追查。"晓安看着女孩，理性地分析道。

"嗯！"女孩重重地点了一下头，对晓安满满地信任。

其间，晓安简单地询问了一下女孩的情况。原来女孩是一名外地在校大学生，今天第一次去亲戚的新家探访，人生地不熟的，突然被抢走包和手机，受了惊吓。

报完警不到四分钟，闪着警灯的警车就快速地开了过来，下来两名警察和一名辅警。一名警察关切地询问具体案发情况，一名警察在勘查现场周围地形后用对讲机通知周边巡逻警察注意发现可疑人员，辅警则用手机对现场情况进行了拍照。

警察对现场核查完毕后，又让晓安和女孩乘坐警车去山南派出所做询问笔录。

做完笔录，已将近晚上10点。晓安配合派出所把女生安顿好后，步行回到家中。或许有点累，这一夜，晓安睡得特别踏实。

唯一让晓安有点遗憾的是，没能亲手把坏人当场抓住。

第二天，晓安听到小区居民议论，昨天晚上有一个人在协助警察抓捕抢劫嫌疑人时，被嫌疑人捅了一刀，现在还在医院抢救。

第二章 防范，真的重要

听到这个消息，晓安不禁倒吸一口凉气。

警察普法讲堂

1. 见义勇为，怎样确保自身安全？

见义勇为的人坚守社会正义，让人感到社会的温情与温暖。需要提醒的是，在挺身而出的同时，也要有安全意识，不要逞匹夫之勇。

可能有人会说，狭路相逢勇者胜，不勇怎么和犯罪分子搏斗，总不至于无动于衷、袖手旁观吧？要是这样，那这个社会得有多冷漠，万一哪天遇到危难的人是我们的父母妻儿、兄弟姐妹呢？帮助别人就是在帮助自己。

说得非常对。在此，先讲一讲警察抓捕坏人的情况。一般来说，经过专业训练的警察，抓捕坏人都是在有压倒性优势力量的情况下实施的，也就是说警察在人力和器械上比违法犯罪分子要高出一个层级。

比如，抓捕一个坏人，警方一般至少需要两个人；抓捕两个坏人，那可能就需要五六个警察了。抓捕一个持刀行凶的人，警察还需要配合使用枪支。很多时候需要特警出动，目的是最大限度避免不必要的伤亡。面对专业且占压倒性优势的警察力量，犯罪分子知道再反抗也是徒劳的，绝大多数犯罪分子都会束手就擒。

但是，普通人面对一个有预谋的违法分子时，在力量的对比上是没有绝对优势的，即使你人高马大，不排除对方身上有凶器，周边可能还有犯罪嫌疑人的帮手。所以，在想着伸张正义的同时，也要评估潜藏的风险。

举个例子，如我是一个普通群众，刚好碰到抢劫嫌疑人从我身边跑过去。如果我的身材比嫌疑人高大，并且在体力方面有自信的话，那我会和嫌疑人保持安全距离，借助周边的棍棒、椅子、砖石等之类的物品和对方缠斗，趁机制服对方，或者为警察赶到现场争取时间。这个过程中注意不要和对方扭打在一起，防止对方身上还藏有匕首等利器。

如果我的身高和体力不及嫌疑人，我肯定打不过对方，不管不顾地阻拦和打斗既阻挡不了嫌疑人的逃跑，还可能发生意想不到的伤害事故。那么，我会记住嫌疑人的体貌特征和逃跑方向，在确保安全的情况下迅速高喊，引起周边人的注意，争取其他更有力量的群众参与，然后快速报警。

见义勇为总的原则是：在确保人身安全的情况下，积极作为。

2. 怎样防范街面可能存在的安全风险？

防范街面风险要注意以下三点：

首先，保持对转角处可能存在风险的警惕。这里说的转角指的是在路面行走时前方视线受影响、容易发生意外情况的地方，如道路转弯处、障碍物另一边、偏僻的小巷子、复杂路段等。

其次，行走时不要一直盯着手机不看路。一方面，路面可能会有一些新的油渍、坑道、障碍物等，容易发生意外情况；另一方面，盯着手机不看路会向外界传递出这样的信号——这个人缺乏安全防范意识，导致被不法分子盯上。另外，建议不要戴耳机，如果听不见周围的声音，可能无法对周边存在的风险提前作出判断和防备。

最后，去陌生地方要提前熟悉行走路线。现在电子地图导航很方便，只要去的不是太偏僻的地方，一般都会有详细的路线指引，最好提前找熟悉的人问明相关情况。如果身处陌生的地方，确实找不到目标点位，也要大大方方问路，不要显得太过着急和谦卑，更不要暴露身上的贵重物品，防止被别有用心之人盯上。

八、谈恋爱也要注意安全

第二章 防范，真的重要

这几天，乐和家政服务公司入职不到半年的年轻女员工商小琴与他人发生情感纠葛，其男朋友为其出头，持刀伤人后被抓的消息，在公司里传开了。

商小琴面容姣好，喜欢打扮，但是家庭条件较为困难，上大学期间一直靠勤工俭学维持生计。

一次偶然的机会，还在上大学的商小琴在商场兼职做电视机导购，遇到了前来购物的中年男子赖朴拓。

商小琴为促成交易，很热心地向赖朴拓介绍各类电视机的性能。赖朴拓看到青春洋溢的商小琴，心里为之一动，顺势和商小琴攀谈了起来。

在交谈过程中，赖朴拓了解到商小琴是一名兼职的大四在校学生，且涉世不深、心思单纯，很快就动了歪心思。为要到商小琴的手机号，赖朴拓利用商小琴急于达成交易的心理，表示可以买电视机，但是要求商小琴把手机号留给他，方便以后有问题时及时联系。

听到对方要买电视机，商小琴没多想，很爽快地和赖朴拓互留了手机号码。达成交易后，为表达感谢，商小琴还主动将赖朴拓送到了商场门口。

晚上，赖朴拓向商小琴发了信息，说电视机画面非常清晰，音质也非常好，感谢推荐。

得到顾客的高度肯定，商小琴自然十分高兴。不自觉地，两人你来我往地交谈了起来。

此后，赖朴拓经常将自己看电视剧和新闻的一些感受发给商小琴，看到天气预报播报雨雪天气，不忘提醒商小琴注重身体别感冒。赖朴拓的关心提醒总让商小琴感受到丝丝暖意。

后来，慢慢地，两人发展成情侣关系。

赖朴拓时不时带商小琴去商场买衣服，买新手机，每月必给零花钱。商小琴虽然还住学校，但是经常隔三差五地到赖朴拓家中过夜。

一段时间后，赖朴拓表示要拍摄两人的亲密视频留作纪念，对此商小琴羞涩不已，坚决反对。赖朴拓软磨硬泡，说，视频不能拍，照片总可以拍吧，毕竟，这是你最好的年纪。

最终，商小琴作出了让步，任由赖朴拓拍摄裸照。没承想，这会成为自己今后的噩梦。

随着接触的深入，商小琴从邻居那了解到，赖朴拓根本就不是单身，其妻子在外地，一两个月只回家一次。这一切，都被赖朴拓隐藏得很好。事情挑明后，赖朴拓向商小琴保证，会马上离婚。

等了快两个月，赖朴拓向商小琴表示自己有难言之隐，还需要一段时间。可是，商小琴彻底失望了，断了和赖朴拓的所有联系。

临近毕业，商小琴来到了乐和家政公司上班。

很快，商小琴找到了新的男朋友。男朋友名叫武力，在一家运输公司上班，很上进，对商小琴也很好。

第二章 防范，真的重要

一天，赖朴拓在街上远远地看到了商小琴和武力，顿时心中的醋坛子打翻了。当天晚上，赖朴拓向商小琴的手机发送了一张商小琴的裸照，让商小琴一个人前往其住处商量处理办法。

商小琴收到信息后，害怕赖朴拓将裸照外传，影响自己的声誉，不得已独自来到赖朴拓的家中，要求赖朴拓删掉留存的全部裸照。

赖朴拓说，删掉照片不是不可以，但是，之前两人交往的时候没少为你花钱，你这么绝情，说分手就分手，总得补偿一下。

商小琴愤怒地说，交往是你情我愿的事情，我又没有强求你，是你有错在先，隐瞒婚姻状况欺骗人，怪不得别人。

赖朴拓脸色阴沉地说，你得了好处说翻脸就翻脸，没有这么好的事情，你才参加工作没多少钱，我也不为难你，你再陪我一个月，此后互不拖欠，彼此两清。否则，我不能保证你没穿衣服的照片不会出现在不该出现的地方，后果你好好掂量掂量。

商小琴不敢想象裸照到处流传、身边人指指点点的情景，一时沉默了。

接下来的一个月，商小琴每周总有那么一两次要去赖朴拓家里。上班期间装作没事人一样，在男朋友那边强颜欢笑，整个人身心俱疲，也瘦了不少。

约定的时间到了，商小琴对赖朴拓说，我都按照你的

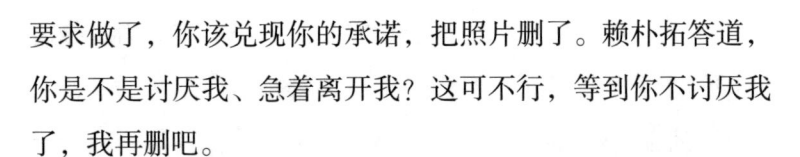

要求做了，你该兑现你的承诺，把照片删了。赖朴拓答道，你是不是讨厌我、急着离开我？这可不行，等到你不讨厌我了，我再删吧。

谈话不欢而散。但是，赖朴拓的纠缠却并没有停止。

忍无可忍之下，商小琴向男朋友武力坦白了和赖朴拓交往的事情，也做好了分手的心理准备。出乎意料，武力对商小琴的经历表示相当理解，愿意共同面对并处理好这一难题。

达成一致意见后，商小琴和武力敲响了赖朴拓家的门。赖朴拓开门后，看到商小琴旁边还站着一个男人，见势不妙正准备关门时，被武力抢先推门强行进入。

赖朴拓还没反应过来，武力一耳光就扇了过来。按照武力的最初想法，先给对方一个下马威，再逼迫其删掉照片。

谁知，赖朴拓并不是善茬，走到客厅里，拿起凳子就往武力身上砸了过来。武力趁势抓住了凳子，随即两人扭打在一起。

武力虽然年轻，可是赖朴拓的身高、体形占优势，两人基本处于势均力敌的状态。打斗之间，武力看到了客厅桌子上的水果刀，激愤之下抓起水果刀就朝赖朴拓的腰间捅了过去。顿时，鲜血从赖朴拓腰部汩汩而出，赖朴拓立马捂住伤口，蹲在地上嚎叫起来。

武力和商小琴一下傻了眼，赶紧拨打120，匆忙逃离了现场。

第二章 防范，真的重要

最终，赖朴拓的左肾被刺破后大出血，不得不在医院做了摘除手术，所幸命是保住了。武力很快被公安机关抓获，以涉嫌故意伤害罪被刑事拘留。

根据公安机关调查，赖朴拓以女性裸照相要挟，强迫对方发生性关系的行为涉嫌强奸罪，待其伤情稳定后还需接受进一步调查处理。

警察普法讲堂

1. 被人拿私密照片或视频要挟，该怎么办？

首先，要树立遇事先找法的意识。这种拿私密照片或视频要挟他人的行为，是违法犯罪行为，当事人可以保留相关证据，直接向公安机关报案。如果因为害怕隐私泄露而一味向对方妥协忍让，可能会让对方变本加厉，提出更多过分的要求，不但于事无补，反而越陷越深。报警求助，才是破解这类难题的有效方式。

根据《治安管理处罚法》第50条规定，公然侮辱他人或者捏造事实诽谤他人的；多次发送淫秽、侮辱、恐吓等信息或者采取滋扰、纠缠、跟踪等方法，干扰他人正常生活的；偷窥、偷拍、窃听、散布他人隐私的，处5日以下拘留或者1000元以下罚款。情节较重的，处5日以上10日以下拘留，可以并处1000元以下罚款。其中，对滋扰、纠缠、跟踪等行为，除依照前述规定给予处罚外，经公安机关负责人批准，可以责令其一定期限内禁止接触被侵害人。对违反禁止接触规定的，处5日以上10日以下拘留，可以并处1000元以下罚款。

我国《刑法》第246条对侮辱罪作了规定，以暴力或者其他方法公然侮辱他人，情节严重的，处3年以下有期徒刑、拘役、管制或者剥夺政治权利。

公安机关介入后，会依法判明事件性质，强制要求对方彻底删除相关隐私资料，并作出后续处理。这或许也是避免夜长梦多的治本之策，要挟之人断不敢肆意妄为。

最后，建议尽量不要拍摄私密照片或视频，免除后顾之忧。

2. 男女之间交往，怎样避免麻烦和伤害？

为避免男女交往的麻烦和伤害，建议加强以下三种意识：

一是边界意识。如果和异性没有发展为男女朋友的想法，那就要特别注意彼此交往的边界，不要互动过于频繁，随意接受对方赠送的东西和单独的宴请，以及在私密场合共处一室、外出旅游等。

二是平衡意识。两人交往过程中，要讲究平衡的对等关系，如果一方长时间在金钱、尊严、精力、时间等方面付出过多，又得不到另一方相应的补偿和回应，很可能会因心理失衡产生情感纠葛。

三是尊重意识。尊重是相处的前提，即使最终不能在一起，也要尊重对方。好聚好散，不干扰、不骚扰对方的生活，这是自身修养的一种体现，也是对过往经历的一种尊重。如果执意纠缠下去，最终两败俱伤，没有任何一方是赢家。

第三章

纠纷，本可以化解

一、楼上楼下住户的纷争

第三章　纠纷，本可以化解

宁宇小区 5 栋的两家住户因乱扔垃圾问题，闹得不可开交。

事情的起因是楼上住户在阳台的一次不文明行为——往楼下吐痰。这一吐，刚好吐在了楼下住户刚洗完正在晾晒的衣服上。

楼下住户顿时火冒三丈，朝着楼上破口大骂了起来。

楼上住户虽然理亏，但见对方没有收口的势头，索性把家里没吃完的剩饭也倒了下去。

这一下子，楼下住户骂得就更凶了。于是，双方对骂了起来。

自此之后，楼上住户怀恨在心，时不时就往楼下扔点垃圾。楼下住户发现后又一顿大骂，继而双方对骂。

楼上住户往楼下住户扔的东西逐步升级，从烟头、垃圾、剩饭剩菜发展到排泄物。

楼下住户除了大骂之外，还想出了把垃圾提上去扔到对方家门口的办法，还在深更半夜用物品撞击天花板，制造噪声，扰得楼上住户难以睡觉。

两家都是全家老少齐上阵，轮番的骂战、垃圾战、噪声战，扰得周边邻居不得清静，邻居忍无可忍后便报警了。

警察出警了解情况后，分别找到楼上住户和楼下住户两家进行劝说。

彼此消停一段时间后，楼下住户发现又有垃圾从楼上扔下来，再次骂了起来。客观地说，此次扔下的垃圾还真有可能是楼上其他住户不小心扔的。但是，楼下住户这一骂，让楼上住户认为其意有所指。

于是，骂战和垃圾战又死灰复燃了。

有邻居向政府部门写了信访投诉材料，要求有关部门解决。

最终，问题还是落到山南派出所和社区居委会来解决。

经山南派出所会同社区居委会商议，决定组织两家到社区居委会办公室进行调解。

两家倒是很配合，但因积怨较深，在调解过程中仍指责对方的不是。

楼上住户认为楼下住户骂人无底线，晚上扰人清梦，造成家里老人神经衰弱，睡眠不好，经常生病，要求对方赔礼道歉并赔偿损失。

楼下住户认为楼上住户毫无素质，朝自家阳台乱扔垃圾，被痰和其他垃圾污染的衣物不得不被扔掉，也要求对方赔礼道歉并赔偿经济损失。

双方各执一词，公说公有理，婆说婆有理。

组织调解的工作人员希望双方从小区和谐的大局着想，考虑周边邻居的感受，再吵闹下去只会落得两败俱伤。

理是这么个理，但是双方心里的气难平，都认为除非对方赔礼道歉并赔偿损失，否则还会继续斗下去。调解一时陷入了僵局。

晓安心里想着，邻居这样一直吵下去也不是个办法，怎么化解邻里矛盾呢？

警察普法讲堂

1. 邻里纷争吵闹导致周边住户苦不堪言，怎么办？

有些邻里矛盾纠纷双方法治意识不强，激动起来只顾个人宣泄情绪，对他人的劝解无动于衷，完全不顾及周边群众的感受，影响正常工作生活。这时候告知法律规定，加以劝诫，发挥法律的强制约束力，或许是让纷争双方收敛，继而冷静下来的有效方法。

以下是相关的主要法条：

《噪声污染防治法》第65条第1款规定，家庭及其成员应当培养形成减少噪声产生的良好习惯，乘坐公共交通工具、饲养宠物和其他日常活动尽量避免产生噪声对周围人员造成干扰，互谅互让解决噪声纠纷，共同维护声环境质量。

根据《治安管理处罚法》第88条规定，违反关于社会生活噪声污染防治的法律法规规定，产生社会生活噪声，经基层群众性自治组织、业主委员会、物业服务人、有关部门依法劝阻、调解和处理未能制止，继续干扰他人正常生活、工作和学习的，处5日以下拘留或者1000元以下罚款；情节严重的，处5日以上10日以下拘留，可以并处1000元以下罚款。

根据《民法典》第286条第2款、第3款规定，业主大会或者业主委员会，对任意弃置垃圾、排放污染物或者噪声等损害他人合法权益的行为，有权依照法律、法规以及管理规约，请求行为人停止侵害、排除妨碍、赔偿损失。业主或者其他行为人拒不履行相关义务的，有关当事人可以向有关行政主管部门报告或者投诉，有关行政主管部门应当依法处理。第287条规定，业主对建设单位、物业服务企业或者其他管理人以及其他业主侵害自己合法权益的行为，有权请求其承担民事责任。第294条规定，不动产权利人不得违反国家规定弃置固体废物，排放大气污染物、水污染物、土壤污染物、噪声、光辐射、电磁辐射等有害物质。根据《民法典》第1254条规定，禁止从建筑物中抛掷物品，从建筑物中抛掷物品或者从建筑物上坠落的物品造成他人损害的，由侵权人依法承担侵权责任，同时物业服务企业等建筑物管理人应当采取必要的安全保障措施防止该情形的发生，公安等机关应当依法及时调查，查清责任人。

2. 邻里矛盾积怨已久，能化解吗？

绝大部分邻里矛盾纠纷都是一些鸡毛蒜皮的小事。但是，对那些积怨已久的邻里矛盾纠纷，没有第三方介入，仅靠双方自行解决，或许永远也解决不了。而且，不排除一些邻里矛盾转化为刑事案件的可能。

这时候，就需要镇（街）、派出所、村（社）等社会基层治理组织发挥综合治理的作用，调和邻里矛盾纠纷，促进邻里和谐相处，最大限度防止因民事纠纷引发的极端案件。

上述乱扔垃圾的邻里矛盾中，双方还有解决问题的意愿，可是谁也不肯先让一步，心里都憋着一口气，宁愿一直斗下去也不愿输了面子。解决问题的关键就在于怎样消除双方心中积存的怨气。

对于故事中的矛盾，可以引入派出所、社区、物业公司、热心居民等第三方参与化解，按照以下三个步骤开展工作：

1. 第一步，消气。由社区民警、社区干部购买垃圾篓、烟灰缸、扫帚和拖把，共同对两家分别做一次家访，消解彼此的怨气，为化解工作打下坚实基础。其中，对楼上住户家访时带上垃圾篓、烟灰缸等，以楼下住户的名义送达，辅之以说服工作；对楼上住户家访时带上扫帚、拖把等，以楼上住户的名义送达，方便阳台打扫，辅之以说服工作。

2. 第二步，导气。由居委会、物业公司等加强邻里和谐、文明卫生的宣传力度，发动小区热心居民做好两家人员的劝导说服工作，并对整栋楼的居民进行提醒。同时，引导居民发生矛盾纠纷后及时找物业和居委会介入，养成文明用语习惯，防止新的矛盾纠纷。

3. 第三步，固气。由社区民警、社区干部会同物业公司在小区每栋楼选取热心公益的人员担任楼栋长，开展文明卫生楼栋评比创建活动，定期在小区进行公示，提升小区居民维护楼栋荣誉的责任心。

二、广场舞引发的纷争

第三章 纠纷，本可以化解

最近，宁宇小区蒋老头因广场舞噪声问题被一群老大妈殴打的消息上了小区"头条"。摆在山南派出所面前的问题是，怎样圆满地处理这一棘手的问题。

蒋老头60岁出头，丧偶，生性较为固执，随子女一起居住在宁宇小区靠近宁宇广场的1栋3楼。

由于有早睡的习惯，加之平日睡眠不太好，蒋老头对晚上从宁宇广场传出来的广场舞噪声特别敏感。

有好几次，蒋老头跑到宁宇广场与跳广场舞的大妈进行交涉。

最开始，负责调控音响的大妈还会适当把音量调小一些。但是，几次之后，大妈就不买账了。广场舞大妈七嘴八舌，群起而攻之，蒋老头败兴而归。

一次，蒋老头到现场后，不直接和广场舞大妈起争执，而是拨打110报警电话，在现场等警察过来处理。

虽然广场舞大妈很配合警察，把跳舞音乐的音量尽量调小，但是心里并不服气。广场舞大妈背后恨透了蒋老头，认为他是故意找茬。大妈三三两两聚集在一起的时候，常议论蒋老头，在小区里碰到蒋老头的时候，也不会给蒋老头好脸色。

蒋老头也知道广场舞大妈对他有意见，但是他不在乎。

一天晚上，蒋老头吃完饭在家闲着无聊，走到宁宇广场散步。绕着广场走了几圈后，蒋老头就在广场上的一张长椅上坐了下来。

这时候,广场舞一个新曲目刚开始,声音陡然增大了许多。

蒋老头觉得太吵,于是,走过去准备让负责音响的人调低一点。

这一去可不得了,广场舞大妈看见蒋老头走了过来,以为他又是来找茬的,很快就把蒋老头围了起来。

接着,广场舞大妈就七嘴八舌地朝着蒋老头嚷开了。

有人说,蒋老头,我们锻炼身体也不容易,你说你闲着无事,天天盯着我们干什么。

有人说,蒋老头,你不要以为你找派出所、找居委会,又找物业公司,我们就怕你。

有人说,蒋老头,你说你反复报了多少次警了,我们已经忍你很久了。

……

说着说着,就有人情绪激动了。不知道是谁朝蒋老头的后背捶了一拳,接着又有人往蒋老头的后背又推了一把。

蒋老头毫无心理防备,身体往前一倾,摔坐在了地上,怒火中烧,大喊是谁打我,有种站出来。说完,蒋老头拨打110报警称被人打了,要求警察过来处理。

大妈一看这架势,纷纷散开,又继续跳舞了。

好在蒋老头身体还算硬朗,加之大妈的拳头和用手推的力度也不算重,蒋老头很快从地上爬了起来。

警察赶到现场,询问了蒋老头的身体情况,蒋老头表示

第三章 纠纷，本可以化解

并无大碍。不过，警察还是让蒋老头打电话给儿子，让儿子陪着蒋老头去医院检查一下。

接着，警察问了跳舞的大妈，大妈都说天色太暗，没看到有人打蒋老头，还有人说是蒋老头自己不小心摔倒的。

当晚，警察找了几个广场舞大妈的代表和周边围观的群众代表做了询问笔录，他们都表示没有看到是谁打的人。

警察也调取了视频监控，由于光线较暗，未发现有价值的线索，事情的调查一时无法再深入下去。

经医院检查，蒋老头没有明显异常和软组织挫伤，不过其自述腰部在摔倒过程中可能闪了一下，有轻微不适。医生建议蒋老头在家先静养观察。

第二天，蒋老头走到山南派出所，要求处理打人者。警察告诉其调查情况，蒋老头表示不接受，要求公安机关务必严肃处理打人者。

此后，蒋老头隔三岔五地跑到山南派出所要求解决问题，同时对广场舞噪声的投诉也逐渐多了起来。

由于缺乏直接有效的线索，且都是老年人之间的纠纷，警察认为还是调解有利于矛盾的和谐处置。

为此，山南派出所会同社区居委会组织双方进行协商。蒋老头认为不追究打人的责任也行，但是坚决要求取缔跳广场舞这种行为。广场舞大妈代表一听生气了，表示广场舞是一种健康的娱乐活动，法律没有规定取缔广场舞，再说蒋老头声称被打也要拿出证据来才行。

协商无果而终。两方的矛盾却成了众所周知的事情。

警察普法讲堂

广场舞引发的噪声问题，该怎么办？

广场舞噪声问题给群众的日常生活、学习和工作带来困扰，由此引发的矛盾纠纷和报警时有发生。

面对这一类问题，简单的由居委会、派出所等提醒解决；复杂的，则需要多方进行协调解决。

街镇、社（村）方面，制定好管理规则，通过张贴温馨提醒、发放倡议、召集代表座谈等方式，明确广场舞活动场地，早、中、晚的活动时间，以及音量大小，做好宣传、引导工作。

物业管理方面，安排人员加大对广场舞期间的巡逻，对噪声过大的，进行友善提醒并督促调低音量。

公安派出所方面，做好噪声报警处置和矛盾纠纷调解工作，督促执行好管理规定，并对恶意行为进行处理。

《噪声污染防治法》第64条规定，在街道、广场、公园等公共场所组织或者开展娱乐、健身等活动，应当遵守公共场所管理者有关活动区域、时段、音量等规定，采取有效措施，防止噪声污染；不得违反规定使用音响器材产生过大音量。第82条规定，对违反第64条的，由地方人民政府指定的部门说服教育，责令改正；拒不改正的，给予警告，对个人可以处 200 元以上 1000 元以下的罚款,对单位可以处 2000 元以上 2 万元以下的罚款。

实践中,一些对噪声较为敏感的人可能会多次投诉,并强烈要求公安机关处罚跳广场舞的人。

对广场舞噪声处罚的问题,要坚持主客观相统一。主观上,一般来说跳舞者没有故意干扰他人工作和生活的故意,客观上,造成的损害难以评估。为了维护和谐的邻里关系,一般以劝说为主。当然,对恶意制造噪声严重干扰他人生活的行为,该处罚的还是要处罚。

对一些对噪声高度敏感甚至有点执拗的人,可以创新管理手段,鼓励其参加公益活动等,避开广场舞时段或转移注意力,减少矛盾纠纷。比如,故事中,可以鼓励蒋老头加入派出所和社区居委会组建的居民志愿巡防队,错开广场舞的活动时间,开展义务巡逻防范工作,并给予适当补助。让热心社区事务的人尽量发挥作用,也让噪声矛盾得到缓和。

三、遇见醉鬼，不要纠缠

第三章 纠纷，本可以化解

一天晚上 10 点左右，晓安的儿子突然发起高烧，整个人迷迷糊糊的，意识也有点不太清醒。晓安和妻子不放心，决定开车带孩子去医院看急诊。

当晓安走到停放在山南路边的车辆旁时，发现黑色的车身上有一条长长的划痕，在路灯照射下格外显眼。顿时，晓安气不打一处来。

晓安四处张望了一下，发现不远处有一个人晃晃悠悠地沿着马路向前走，手还不时触碰身旁的车辆。

此人嫌疑最大，晓安心里这么估摸着。于是，朝着那个人的方向快步追了过去。

追赶过程中，晓安留意了一下路边的其他车辆，发现沿路车辆的车身大部分都有划痕。

接近那个人时，晓安闻到了一身酒气，发现那个人手里拿着一把钥匙，边走边划身边的车辆。

"你干什么！"晓安怒不可遏地大喝一声。

"你……和谁说话？"晓安的声音把那人吓了一跳，醉酒人缓缓地转过身来问道。

"醉鬼，你看你干的好事！"晓安指着旁边车上的划痕说道。

"你……骂谁……是醉鬼？"喝酒人舌头打结了一般，慢吞吞地问道。

"还能有谁？你把我的车给划了，你说怎么办？"晓安厉声问道。

"我喝酒……碍……碍着……你什么啦？"喝酒人反问道。

这时，晓安的妻子抱着孩子赶了过来，见势不妙，及时报了警。

"走，往那边走，你看看你把我的车划的！"晓安指着自己停车的地方说。

"我……不看……你就说……我喝酒……碍着你……什么啦？"喝酒人不依不饶地说道。

晓安想过去拉醉酒人，一起往车的方向走，醉酒人却晃晃悠悠地躲开了。

晓安妻子抱着发烧的孩子站在一旁等着，急得像热锅上的蚂蚁。恰好不远处驶来一辆空载的出租车，赶忙拦下车去医院。等晓安回过神来，出租车已经开走了。

晓安还想去拉醉酒人，不料醉酒人一拳挥了过来。醉酒人酒后的动作不那么快，晓安闪躲了过去。

这时候，闪着警灯的警车赶到了现场。还是让警察来处理比较好，晓安这么想着。

谁料，醉酒人看到刚到场还没来得及说话的警察，兴奋了起来。继续慢慢吞吞地质问晓安为什么骂他是醉鬼，走到晓安身边又挥了一拳过来。

晓安一下子也来了脾气，在闪躲的同时，双手猛地推了醉酒人胸膛一把。

醉酒人往后退了两步，接着仰面倒了下去，头部与地面碰撞后发出一声闷响。再接着，醉酒人就不动弹了。

很快，120赶到现场把醉酒人拉走了。

晓安也随警察到派出所配合调查，一直等到凌晨两点晓安才回到家中。这时，妻子和孩子已经睡下了。

所幸的是，经医生初步诊断，醉酒人系醉酒后倒地致脑部与地面撞击，产生轻微脑震荡，伴软组织包块，身体无大碍。

醉酒人出院后，派出所向当事双方通报了调查处罚决定：

一是醉酒人酒后故意用钥匙划伤数辆汽车的车漆，违反了《治安管理处罚法》第59条规定，属故意损毁公私财物情节较重的情形，给予10日行政拘留，罚款2000元；

二是醉酒人造成的损失，公安机关可以组织当事双方协商赔偿，达不成一致意见的，受害方可以提起民事诉讼要求赔偿；

三是晓安和醉酒人理论过程中，醉酒人有错在先、动手在先，晓安在防卫过程中存在防卫过当的行为，考虑情节轻微，公安机关对双方当事人不作处理。

在派出所的调解下，醉酒人承担了晓安车辆的补漆费用，晓安则承担了醉酒人一半的住院费用。

整个事件处理下来，晓安一点也开心不起来。车虽然恢复了原状，但自己白白赔付了一半的住院费用，妻子对他也颇有微词。总之，晓安是里外不讨好。

生活警事指南：守护您的美好生活

警察普法讲堂

和醉酒人发生矛盾纠纷，该怎么办？

和醉酒人发生矛盾纠纷时，不要讲过多道理，更不要纠缠，报警后等警察过来处理就好。特别提醒，千万不要和醉酒人发生肢体冲突。

一方面，醉酒人和你发生矛盾时，他的精神是亢奋的，行为是不理性的，指不定还会暴力袭击你，造成意外伤害。

另一方面，醉酒人反应的速度、力度和身体平衡性都比正常情况下要弱，自身防护意识和能力下降较为明显，如果发生肢体冲突，对处于正常状态的人一般不会造成伤害的轻微击打，可能会对醉酒人造成意外伤害。

特别是醉酒人身体平衡性较差，万一因身体失衡倒地，头部撞到什么东西，造成重伤或死亡，与其发生肢体冲突的一方可能会被以过失致人死亡罪或者过失致人重伤罪追究刑事责任。我国《刑法》第233条规定，过失致人死亡的，处3年以上7年以下有期徒刑；情节较轻的，处3年以下有期徒刑；第235条明确，过失伤害他人致人重伤的，处3年以下有期徒刑或者拘役。

因此，和醉酒人发生矛盾纠纷，不要正面较劲和纠缠，交给警察依法依规处理，千万不要因一时冲动触犯法律，造成难以挽回的后果。

如果醉酒人系亲友等人，不愿意或不方便报警的，可以请第三方介入，遭受损失的留存好证据，避免与醉酒人直接接触，等对方清醒后再处理。

四、如何对待精神障碍患者？

第三章 纠纷，本可以化解

宁宇小区有个新迁入的居民胡婆婆，70多岁，遇见人便说山南派出所的吴方警官暗恋她，但是又不向她说清楚，严重干扰了她的正常生活。

对此，胡婆婆多次拨打沿江区公安分局的投诉电话，要求严查吴方警官这种毁人清誉的行为。

刚接到投诉反映时，沿江区公安分局督察部门和山南派出所高度重视，积极开展了核查工作。随着调查的深入，发现事情另有蹊跷。

吴方警官，男，56岁，有30多年的从警经历，有着丰富的公安工作经验。在调解矛盾纠纷方面，吴方警官非常善于通过拉家常的形式循循善诱，无形中就将矛盾纠纷化解了，得到了辖区居民的广泛认同。

有一次，胡婆婆家人和邻居发生了矛盾。事情是因乱丢垃圾问题引发，胡婆婆和对方吵得很厉害，最后报了警。

接警后，吴方警官赶到现场，没有直接就事论事地指出谁是谁非，反而和双方聊起了天。从小区环境到疾病传播，从身体健康到治病看医，从居民休息到邻里和谐……聊着聊着，双方的气就顺了，矛盾自然也就化解了。

还有一次，胡婆婆和家人发了激烈争吵，因动静过大，被邻居报了警。

当时，也是吴方警官出的警。吴方警官到场后，像什么事情没发生一样，和胡婆婆及家里人聊起了家里的装修、阳台的花草、墙上的相片以及家人的优点等。不一会儿，胡婆

133

婆及家人的气就消了，一家人又和好如初。

一来二去，胡婆婆就记住吴方警官了。和小区里的其他老太太在一起时，有时候说吴方警官这个人好得很，很讲道理，会调解纠纷，是个好警察；有时候又说吴方警官这个人坏得很，暗恋她，还要和她结婚，生活被他弄得一团糟，是警察中的坏分子。

面对公安机关的调查，胡婆婆家人最终说出了实情。由于胡婆婆近期查出患有间歇性精神障碍症，处于初发期，家人为了给胡婆婆换个环境，特意搬到了宁宇小区。

为了避免周围人异样的眼光，家人没有将胡婆婆的病情说出来。没想到，胡婆婆的间歇性精神障碍还是给他人造成了负面影响，家人为胡婆婆的行为向公安机关表达了歉意。

鉴于胡婆婆没有其他过激举动，出于方便病情恢复的考虑，家里人并没有对胡婆婆的外出采取过多的限制性措施。

接下来，让吴方警官更难堪的事情发生了。有一天，胡婆婆来到山南派出所办事大厅，要求吴方警官出面对质，当面讲清楚关于暗恋的事情，并赔礼道歉。

当时，山南派出所办事大厅还有不少办事群众，引发了群众围观。虽说患有精神障碍，但是胡婆婆的讲话逻辑是清晰的，不了解实情的人还真以为有这么一回事。

山南派出所民警在稳定胡婆婆的情绪后，赶忙联系其家人，让家人及时将其接回。鉴于胡婆婆存在精神障碍，并未给予处罚。

警察普法讲堂

1. 精神病人发生违法行为的，怎么处罚？

在治安管理方面，根据《治安管理处罚法》第13条规定，精神病人、智力残疾人在不能辨认或者不能控制自己行为的时候违反治安管理的，不予处罚，但是应当责令其监护人加强看护管理和治疗。间歇性的精神病人在精神正常的时候违反治安管理的，应当给予处罚。尚未完全丧失辨认或者控制自己行为能力的精神病人、智力残疾人违反治安管理的，应当给予处罚，但是可以从轻或者减轻处罚。

在刑事责任方面，《刑法》第18条第1款至第3款规定，精神病人在不能辨认或者不能控制自己行为的时候造成危害结果，经法定程序鉴定确认的，不负刑事责任，但是应当责令他的家属或者监护人严加看管和医疗；在必要的时候，由政府强制医疗。间歇性的精神病人在精神正常的时候犯罪，应当负刑事责任。尚未完全丧失辨认或者控制自己行为能力的精神病人犯罪的，应当负刑事责任，但是可以从轻或者减轻处罚。此外，特别规定醉酒的人犯罪，应当负刑事责任。

在民事责任方面，精神病人属于无民事行为能力人或限制民事行为能力人，《民法典》第1188条第1款规定，无民事行为能力人、限制民事行为能力人造成他人损害的，由监护人承担侵权责任。监护人尽到监护职责的，可以减轻其侵权责任。

2. 遇到精神障碍患者，应该怎么对待和相处呢？

精神障碍群体是需要关注和关爱的群体。绝大部分精神障碍患者属轻症，没有社会危害，家属要早发现、早诊治；对少数严重精神障碍患者送医存在困难或者有肇事可能的，病患家属可以向辖区政府和公安机关寻求帮助，落实管控措施。

对于身边的精神障碍患者，我们可以从以下五个方面来做一些力所能及的事情：

第一，尊重，不歧视。尊重对方的人格和处境，自然地接触，不戴有色眼镜，帮助他们树立抗击疾病的信心。

第二，疏导，不刺激。有交流机会的话，进行善意开导和引导，了解对方的喜好和禁忌，不在言语和行动上刺激对方。

第三，帮助，不施舍。以平等之心给予对方及家人力所能及的帮助，不让对方有自卑和低人一等的感觉。

第四，警觉，不刻意。大部分精神障碍患者都是轻症患者，一般没有攻击性，可以保持适度的警觉，但是不要刻意表现出来，如故意绕道走、物理隔离等。

第五，宽容，不计较。对一些患者给自己造成的工作或生活不便，保持宽容之心，其本人及家人已经很不易了。

一个社会越文明，越应该对精神障碍患者表示出足够的尊重和善意。

五、冲动的惩罚

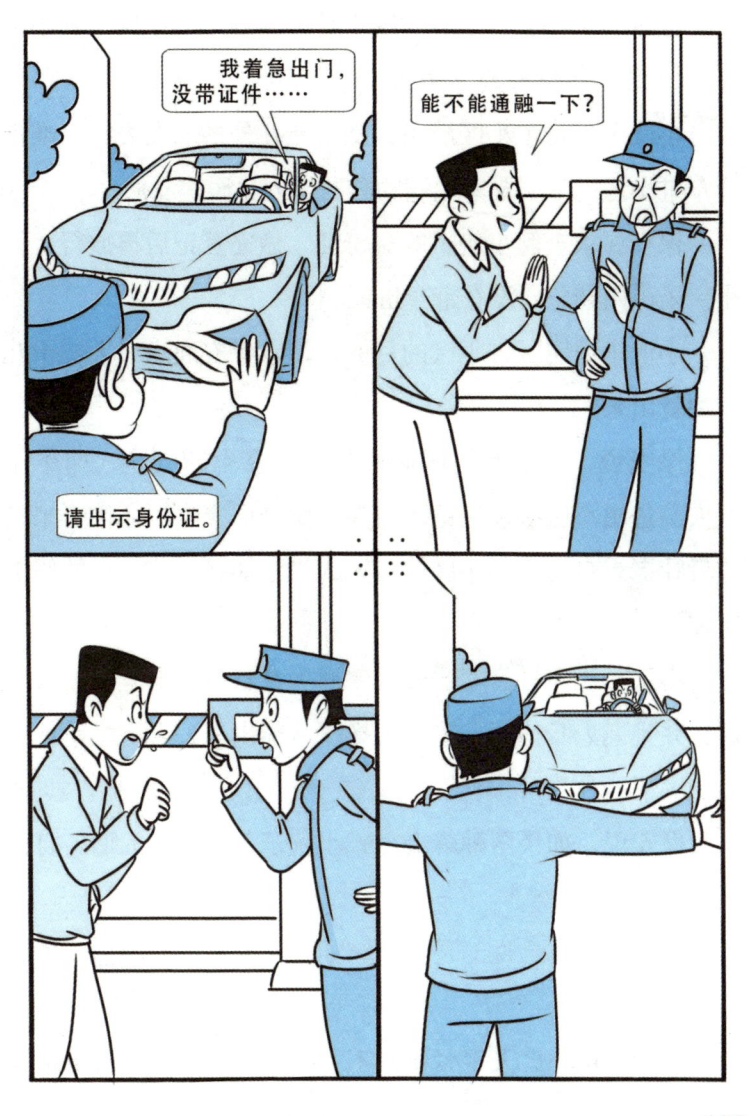

周日早上，晓安难得睡了一个懒觉，吃完早餐后，准备去小区外面的山南公园走一走。

还没走到小区门口，晓安看见好多居民在围观什么。晓安走近旁观了一会，了解到原来是一名开车的小伙子和小区一名50多岁的保安起了争执。

小伙子不是本小区居民，受出差在外的朋友委托，准备开车进小区，带朋友家生病的独居老人去医院看病。

保安要求查验小伙子的身份证，做完登记后再放行，但小伙子出门较急，没有带身份证。

小伙子说明了进小区的目的，请求保安通融一下，十几分钟就出来。

保安说，为了本小区居民的人身和财产安全，非本小区人员进出小区必须登记，建议小伙子回家拿了证件再来，或者让老人自己走到小区门口来，没法通融，这是他的职责所在。

小伙子说，自己家比较远，回去拿身份证会耽误老人看病，并且老人身体弱，需要人搀扶才能出来，再次恳请保安通融一下。

保安说，如果两种解决方式小伙子都不采纳的话，自己也爱莫能助。

小伙子说自己说的是实情，如果保安不放心的话，可以一同前往接老人。

保安表示小区人手紧张，不能擅离岗位，请小伙子请其他亲友帮忙。

受人之托，忠人之事。小伙子在这边人生地不熟的，没有其他可以求助的人，情绪一下子也显得焦躁了起来。

小伙子强硬地责问保安到底让不让进，得到否定回答后，骂保安死脑筋、不懂变通，继而开始辱骂保安这份职业。

保安一点不甘示弱，想着自己这么大把年纪了，还被年轻人骂，于是回骂年轻人没有教养……

晓安一看情势不对，赶紧拨打报警电话，请警察过来调解处理。

年轻人情绪一上头，伸手想打保安。保安也是犟脾气，把身子凑上来，手往年轻人引擎盖一拍，做挑衅动作。

旁边围观的人赶紧劝解，让双方不要太激动。

年轻人最后没有动手，气呼呼地回到汽车驾驶室内。车辆启动后，只听见狠踩油门的声音，车辆朝保安猛地开去，在车头刚触碰到保安的一瞬间，年轻人稳稳地刹住了车。

众人一阵惊呼。

保安没有料到年轻人会将车撞向自己，来不及躲闪。随着一声哎哟，保安双手撑着地面一屁股坐在地上，站不起来了。

不一会儿，警察赶到了现场，询问保安伤势，保安说屁股骨头处和右手臂疼痛剧烈，站立不得。警察马上拨打了120，随后又向年轻人和周边群众询问了相关情况。

很快，120急救车来到现场将保安护送就医，年轻人也随警察去派出所配合调查。

还好小伙子及时刹住了车，不然要闹出人命了。可是，就算及时刹住了车，后果也很严重。

据了解，保安自身就有严重的骨质疏松和其他基础性疾病，所以一倒地就造成了髋骨骨折和右小臂骨折。另外，保安本身还患有较严重的前列腺炎，骨折又引起尿潴留和相关炎症，治疗起来相当麻烦，接下来要遭罪了。

快中午的时候，晓安听小区居民说，年轻小伙子因涉嫌故意伤害被公安机关刑事拘留了。

因为一件车辆进小区的小事，引出这么大的事情来。晓安听后，唏嘘不已，既为保安感到遗憾，也为小伙子感到惋惜。

警察普法讲堂

遇到矛盾纠纷容易冲动，该怎么办？

冲动，每个人都会有，关键是要控制在合理限度内。遇到矛盾纠纷，要保持冷静克制，换位思考，彼此体谅，千万别行为过激，造成不可挽回的损失。

在故事中，保安是忠于职守，小伙子也是事出有因，双方如果能保持同理心，应该会有更妥帖的解决办法。

保安方面，如果人手不是特别紧缺，可以安排一个人跟着进去把老人接出来，毕竟看病这种特殊情况可以灵活变通处置，思想不能太过机械和僵化，让人觉得不通情理。

小伙子方面，也应该遵守小区的安全规定，可以打电话给朋友，让朋友联系小区里的其他亲友帮着把老人接出来。或者如果时间允许，可以回家拿证件再进小区。如果老人的病情确实耽搁不得，也可以报警求助。

遭遇矛盾纠纷容易冲动的时候，千万要提醒自己或身边的亲友冷静下来，充分考虑冲动行事的风险和后果。无论一方多有道理，只要先动手故意伤害他人身体，有理也要输九分。谨记：千万别动手，打输"插管子"，打赢"蹲号子"，再加"赔票子"，建议通过法律途径维护自身权益。

《刑法》第234条规定了故意伤害罪，故意伤害他人身体的，处三年以下有期徒刑、拘役或者管制；致人重伤的，处三年以上十年以下有期徒刑；致人死亡或者以特别残忍手段致人重伤造成严重残疾的，处十年以上有期徒刑、无期徒刑或者死刑。

如果矛盾纠纷的一方有严重的基础性疾病，一旦动手造成对方受伤或死亡，就很可能要承担法律后果，没必要，犯不上，更不值得。

遇事不乱，戒急用忍。请牢记，冲动是魔鬼。

第四章

案件，不可不知的法律常识

一、发生交通肇事，千万不要逃逸

第四章 案件，不可不知的法律常识

下班后，晓安开车回家一路通畅，但是临近宁宇小区的这一段路却一反常态地堵。

小区门口，一辆停靠在路边闪着灯的救护车呼啸着准备驶离，旁边的交警不时指挥着来往的车辆。

晓安经过的时候，特意看了一下交警旁边的路面，一摊血渍在路面上特别显眼。

在小区停好车后，晓安准备到外面一探究竟。刚走到小区门口，就看到一大帮人在路边议论着什么。

晓安凑近听了一会，大致了解了事情的经过。原来是发生了一起严重的连环交通事故，伤者生死未卜。

大概40分钟前，在山南路靠近宁宇小区的马路边，一前一后临时停靠了一辆面包车和一辆小轿车，两车挨得非常近。同时，一位50多岁的妇女牵着一个蹦蹦跳跳的四五岁的小男孩，准备横穿马路。

当妇女和小男孩经过停放的小轿车左尾部时，驾驶人突然向后倒车，撞到了妇女。中年妇女猝不及防，大叫了一声，向马路中心方向摔倒了，而在她身体摔倒的一刹那，本能地把小男孩紧紧抱在怀里。

准备爬起来的当下，妇女责骂了小轿车司机一句："怎么开车的，长眼睛没有！"

一辆小型厢式货车恰好从旁边驶过，等司机发现地上的妇女时，为时已晚。不幸就在一瞬间发生了。

尽管司机踩了急刹车，并且猛打方向撞上了路边的隔离护栏。可是，仍然发生了不幸的结果，中年妇女被小型厢式货车后轮碾轧。

妇女怀中的小男孩安然无恙，很快从地上爬了起来。但是，随之而来的嚎哭声，声声揪着路人的心。

众人的关注点都在受伤的妇女和孩子身上，不知什么时候，那辆因倒车将妇女撞倒的小轿车司机下车看了几眼后，悄悄地开车逃离了现场。后来有人喊"肇事司机跑了"，热心群众想去阻拦但已经追不上了。

很快，交警和120急救车先后赶到现场，开展救护、秩序维护和调查工作，小型厢式货车司机被民警控制后带离。交警通过调取视频监控，很快查明了逃逸车辆和司机的信息，通知肇事司机尽快到公安机关接受调查。

一番忙碌后，受伤的妇女被救护车拉走，受到惊吓的小孩被家人领走，拥堵的交通在交警的指挥下恢复了正常秩序。

晚饭散步时，晓安还是听到了不愿听到的消息：那位妇女——小男孩的外婆因抢救无效过世了。鲜活的生命就这样逝去了，晓安听后感叹不已。

警察普法讲堂

1. 故事中的交通事故责任该怎么划分呢？

总的来说，故事中小轿车倒车前没有尽到观察义务，小货车在人车复杂路段没有提前预判并控制好车速，妇女在没有人行横道线的地方横穿马路,也应承担一定责任,具体责任划分还需要交警部门调查后研究认定。

不过,可以肯定的是,小轿车司机倒车将人撞倒后,没有留在原地对受害人进行积极施救,反而不声不响地离开,已经涉嫌交通肇事逃逸。这样的行为可能导致受害人因得不到及时救助而加重伤势甚至致其死亡,逃逸者也将承担严重的法律后果。

"道路千万条,安全第一条;行车不规范,亲人两行泪。"

2. 交通肇事后留在原地积极处理和逃离现场相比,承担的责任有区别吗?

发生交通事故后,留在原地积极处理和逃离现场相比,承担的责任大不一样。对于致人重伤或者死亡的重大交通事故,逃逸和不逃逸的法律后果更是有着天壤之别。

我国《刑法》第133条规定了交通肇事罪,违反交通运输管理法规,因而发生重大事故,致人重伤、死亡或者使公私财产遭受重大损失的,处3年以下有期徒刑或者拘役;交通运输肇事后逃逸或者有其他特别恶劣情节的,处3年以上7年以下有期徒刑;因逃逸致人死亡的,处7年以上有期徒刑。

以故事中的交通事故来说,肇事司机倒车时没有仔细观察,和死者的死亡有直接的因果关系,但是不存在撞人的主观故意。

如果肇事司机留在原地报警，积极配合处理，没有逃逸，一般来说，处3年以下有期徒刑或者拘役，在依法积极赔偿的前提下，一般判处缓刑。而且，对于一些情节显著轻微、危害不大，不认为是犯罪的，或者犯罪情节轻微，不需要判处刑罚或者免除刑罚的，人民检察院可以作出不起诉决定。此外，保险公司还会履行赔偿义务，保额高的，司机的赔偿负担会非常小，甚至完全不用个人承担赔偿费用。

如果肇事司机没有报警施救且偷偷离开，那性质可就不一样了，很可能要以逃逸论处。根据《最高人民法院关于审理交通肇事刑事案件具体应用法律若干问题的解释》的规定，交通肇事后逃逸，致人重伤或者死亡的，处3年以上7年以下有期徒刑；如果是因逃逸致人死亡，也就是逃逸导致伤者得不到救治而死亡，那要处7年以上有期徒刑。同时，交通肇事有逃逸行为的，保险公司也不会理赔，所有的赔偿费用都只能由肇事司机自己承担，对于一般家庭来说，负担不可谓不重。

需要特别提醒的是，如果在交通肇事后，乘车人员、承包人、机动车所有人或者单位主管人员，指使、帮助肇事人逃逸，致使被害人因得不到救助而死亡的，要以交通肇事罪的共犯论处。千万别自以为指使、帮助肇事人逃逸是出于好心，实则害人害己。

3. 交通肇事发生后，再次伤害、隐藏或遗弃受害人会有什么严重后果？

有人在交通肇事后，看到伤者伤情很严重，怕以后承担的医治和扶养费用是个无底洞，干脆一不做二不休，索性倒车或掉头实施二次故意碾轧，直接造成伤者死亡。这样的行为涉嫌故意杀人罪，依照《刑法》第232条规定，最高刑是死刑。

还有一些行为人在交通肇事后为逃避法律追究，将被害人带离事故现场后隐藏或者遗弃，致使被害人无法得到救助而死亡或者严重残疾，依照《刑法》第232条、第234条第2款规定，将以故意杀人罪或者故意伤害罪定罪处罚。

上述二次碾轧、隐藏或者遗弃伤者的行为万万不可取。一旦发生交通肇事行为，千万不要心怀侥幸心理，作出逃逸或者再次伤害受害人的行为，务必留在原地积极处理。

一方面，交通事故发生后，警察会通过现场及周边视频监控、现场残留汽车碎片、目击证人、现场手机信号、车辆维修信息等多种方式明确肇事车辆及人员。交通肇事逃逸不仅不能逃避责任追究，还会导致责任加重。

另一方面，不要害怕背负沉重的经济负担。只要购买了车辆保险，事故发生后依法积极处理，保险公司会承担相应的理赔责任，一般来说后续的负担不会太重。没必要铤而走险，做出故意杀人或者故意伤害的犯罪行为，让自己追悔莫及。

二、银行卡和电话卡借不得

高价租借银行卡和电话卡

每提供一套银行卡和电话卡，可支付1500元使用费。

三个月后，可以自行办理变更或注销手续。

请你去公安机关配合进一步的调查核实。

辅导员

晓安正吃着晚饭，父亲的电话打了过来。父亲说，晓安表舅的儿子正在接受公安机关调查。让晓安给表舅打个电话，表舅有什么困难，能帮衬就帮衬一把。

放下电话，晓安赶紧给表舅打了个电话，后又给表舅的儿子打了一通电话，了解了事情的详细经过。

表舅的儿子兰杰，大三学生，平时喜欢玩网络游戏，在游戏里花了不少钱。

表舅给兰杰的生活费基本能满足其日常生活和学习开销，但是沉迷付费网络游戏常常让兰杰捉襟见肘。

一次偶然的机会，兰杰从网友那听说有人高价租借银行卡和电话卡。兰杰顿时来了兴趣，觉得这是一个缓解手头紧张的机会。

通过网友的介绍，兰杰联系上一个陌生人。通过交谈，兰杰了解到对方因生意投资急需租借银行卡和电话卡，为期3个月，只要银行卡和电话卡关联并能正常使用即可，每提供一套银行卡和电话卡，可支付1500元使用费。3个月后，兰杰可以拿身份证去银行办理变更或注销手续。

兰杰心想银行卡和电话卡的办理门槛也不高，办三四张银行卡也不是难事。尽管兰杰隐约觉得对方拿走自己的银行卡，可能会去办一些见不得光的事情，但是面对好几千元的进账，还是心动了。

很快，兰杰先后在不同的运营商营业网点用身份证实名办理了4张手机卡，接着又分别到不同的银行办理了4张银行卡,每张银行卡与一张手机卡号相对应。

办理完后,兰杰与陌生人取得了联系,彼此约定了交付时间和方式。

按照约定,第二天上午 11 点,兰杰来到大学附近一个广场的花台边。很快,两名陌生男子走了过来,一人戴着帽子,一人戴着墨镜。

简单确认后,双方达成交付意见:兰杰将 4 张银行卡及密码交给对方,戴墨镜男子去附近银行的 ATM 机上确认银行卡能正常使用后,再由陪着兰杰的戴帽子男子验证 4 张电话卡的真实性,完成验证后一次性支付兰杰现金 6000 元。

收到钱款后,兰杰十分高兴,很大方地请同学出去吃了一顿大餐。接下来,兰杰完全沉迷于网络游戏的世界。

时间一晃,3 个月过去了,兰杰玩网络游戏玩得正起劲,辅导员的电话打了过来,让兰杰去一趟办公室。

到了辅导员办公室门口,兰杰傻眼了,两名穿着制服的警察正坐在里面的沙发上。辅导员招呼兰杰进了屋,让他不要紧张,说公安机关有点事情需要核实一下。

一名警察随即起身将门关上,问兰杰是否办理过多张银行卡和电话卡。兰杰忐忑不安地说,分别办过 4 张,都以每套 1500 元的价格卖给了两名陌生男子。

得到肯定回答后,警察说需要兰杰去公安机关配合进一步的调查核实。由于兰杰还是在校学生,辅导员陪兰杰一起坐警车到了学校附近的派出所。

第四章 案件，不可不知的法律常识

到了派出所后，警察对兰杰的身份进行了核查，随后对兰杰做询问笔录。在询问过程中，兰杰了解到其出售给陌生人的银行卡和电话卡被用来进行电信网络诈骗，涉案金额高达180余万元。做完笔录后，兰杰在辅导员的陪同下回到了学校。

长这么大，兰杰还是第一次在公安机关接受调查，心里惴惴不安。晚上，兰杰给父亲打电话，讲述了自己涉嫌帮助信息网络犯罪活动罪接受公安机关调查的情况。

警察普法讲堂

什么是帮助信息网络犯罪活动罪？

帮助信息网络犯罪活动罪是《刑法》第287条之二规定的罪名，指明知他人利用信息网络实施犯罪，为其犯罪提供帮助，情节严重的行为。

什么行为算"提供帮助"呢？《刑法》第287条之二作了明确规定，为信息网络犯罪提供互联网接入、服务器托管、网络存储、通讯传输等技术支持，或者提供广告推广、支付结算等帮助，即"提供帮助"。

很多人存在认识误区，认为自己只是出借手机卡和银行卡，又没有实际参与犯罪活动，怎么会涉嫌犯罪呢？以上述故事为例，主观上，兰杰明知他人可能用办理的银行卡和电话卡实施犯罪活动，仍然将卡出售给他人，提供通信和支付结算帮助；客观上，犯罪分子利用兰杰的电话卡和银行卡诈骗了被害人巨额钱款。兰杰虽然没有实际参与犯罪活动，但是存在帮助行为，构成帮助犯罪。

公安机关对电信网络诈骗采取严打高压态势，对于涉及此类犯罪的电话卡和银行卡，一律先行冻结，并对持卡人员进行严格审查。有的人只是把银行卡借给朋友一天，结果就被拿去实施与犯罪相关联的活动，以致自己名下银行卡资金被冻结，造成诸多不便。如果明知对方可能将银行卡用于非法行为仍然外借，那么就可能变成帮助犯了。

所以，在知道他人可能利用信息网络实施犯罪的情况下，千万不要认为自己没有直接参与，继而提供技术支持或其他便利，这种帮助行为很可能就已经触犯刑法了。

三、公民个人信息不是想查就能查

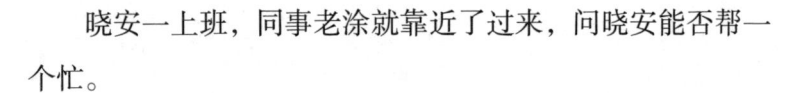

晓安一上班，同事老涂就靠近了过来，问晓安能否帮一个忙。

老涂说，他的一个朋友借了一大笔钱给别人，但是对方一直欠账不还，躲着不肯见面，欠债人住山南路一带。

按照老涂的想法，他把对方的身份证号发过来，如果晓安有熟悉的警察朋友，就帮忙查一下对方的家庭住址，方便讨债，事成后一定答谢。

晓安没有直接拒绝，说帮着问问。

趁着休息的空当，晓安拨通了龚义警官的电话。

"龚义警官，有件事情想麻烦一下你。"

"晓安，你不用客气，有什么我能帮到的，你尽管说。"

"事情是这样的，我同事的一个朋友借了一大笔钱给别人，但是对方总是躲着不还。他有对方的身份证号，你能不能帮忙查一下债务人的家庭住址……"

"晓安，这事我要向你解释一下，公安机关对查询公民个人信息有严格的纪律要求，非工作原因严禁查询公民个人信息，一旦被发现，是要严肃处理的。"

"只是查一下对方的家庭住址也不行吗？"

"家庭住址属于公民个人隐私。晓安，依法依规的事情我肯定不会推脱，但是刚才你说的情况确实已经违规了。"

"龚义警官，我的为人你也清楚，违反原则和法纪的事情，我是绝对不会做的，更不会让你为难。"晓安说道。

"晓安,谢谢你的理解!"龚义警官说道。

挂完电话,晓安回到办公室,对老涂说,打电话问过了,没有可以帮忙的人。

老涂说,没关系,自己再让朋友想想办法。然后,各自忙各自的事情去了。

下班后,在家吃完晚饭,晓安在宁宇小区里转悠。晚上8点左右,晓安看到一前一后两辆闪着警灯的警车驶进了小区。不一会,一辆120救护车也开了进来。

"不会发生什么重大案件了吧?"晓安心里有些疑惑。

过了不到十分钟,120救护车开又出了小区。又过了好几分钟,两辆警车也相继开出了小区。

从聚集的人群那里,晓安印证了自己的猜测。小区10栋一女性居民被一名非本小区的男子堵在家中,双方发生激烈争执,男子冲动之下持利器将女性居民捅伤。后,男子不知所措,留在现场,直到警察赶到将其带走。

第二天上午,两名警察一前一后进了晓安所在公司人事经理的办公室,其间还有两三名同事被叫进去谈话。

警察走后不久,老涂因感情问题持刀故意伤人被公安机关刑事拘留的消息,很快就在同事间传开了。警察此次来公司,主要是调查了解老涂的日常行为表现。

"昨天上午老涂还让我帮着查信息帮人讨债,怎么债务问题变成了感情问题,还涉及老涂自己?"晓安对老涂持刀伤人的消息感到非常意外,半天都没缓过神来。

157

下班后，晓安再次拨通了龚义警官的电话。

"龚义警官，昨天小区因感情问题伤人的案件，现在是什么情况？"

"这个案子由山南派出所办理，犯罪嫌疑人已经交代了整个犯罪经过，现在已经被刑事拘留了。昨天伤者被捅破了腹部动脉，差一点没有抢救过来，现在已基本脱离危险。"

"龚义警官，有个情况我想向你说明一下，道个歉。"晓安略带歉疚地说道。

"晓安，我们之间不用客气，有什么你就说什么。"

"龚义警官，昨天早上请你帮忙查询地址的同事，正是持刀伤人的犯罪嫌疑人。"

"什么？"龚义警官非常意外，眼睛睁得大大的。

"是的，我们在公司同一个部门。"

"晓安，今天，提供被害人住址信息的山北派出所民警因涉嫌侵犯公民个人信息罪被带走了。如果我昨天答应你了，那被带走的人就是我。"龚义警官表情很严肃的样子。

"当时，老涂说他的一个朋友要查询地址上门讨债，没想到是他自己，而且这么快就托别人查到了对方的家庭住址，还因为感情纠纷持刀伤人……幸亏你昨天没有答应帮忙。"晓安有点心虚，也有点庆幸地答道。

"据你同事供述交代，他与被害人原是情侣关系，感情破裂后被害人搬了家，且欠着好几万元钱没还。他委托熟人找到一名警察朋友提供的被害人家庭地址，到了被害人住处后，两人发生激烈争吵，他在冲动之下拿刀伤了人。"龚义警官答道。

"想不到帮人查一下家庭地址，就造成了这么严重的后果！"晓安感叹道。

警察普法讲堂

1. 公民个人信息包括哪些？查询和提供公民个人信息有什么注意事项？

根据《最高人民法院、最高人民检察院关于办理侵犯公民个人信息刑事案件适用法律若干问题的解释》，公民个人信息是指以电子或者其他方式记录的能够单独或者与其他信息结合识别特定自然人身份或者反映特定自然人活动情况的各种信息，包括姓名、身份证件号码、通信通讯联系方式、住址、账号密码、财产状况、行踪轨迹等。

日常工作和生活中，我们时常会遇到有人请托问询或查询同事、亲友、特定人员的手机号码、家庭住址、行踪去向、房产车辆等信息。

为表示对同事、亲友的尊重，以及避免给同事、亲友带来不必要的侵扰和损害，不要随意向问询人透露相关信息。如果问询人确有正当理由，应当事先征得当事人同意后再行提供。否则，建议不要提供他人个人信息，因为你不知道问询人的真正意图和使用方式。

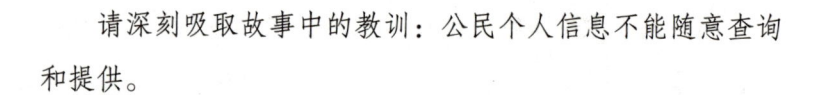

请深刻吸取故事中的教训：公民个人信息不能随意查询和提供。

2. 违规出售或提供公民个人信息，要承担什么法律后果？

公民个人信息与个人日常的生活、工作甚至社会名誉息息相关，公民个人信息遭受破坏或侵害，可能给公民带来身体、精神、财产等方面的损害，影响公民的合法权益。

我国《刑法》第253条之一对侵犯公民个人信息罪作了明确规定，违反国家有关规定，有以下行为，情节严重的，即构成侵犯公民个人信息罪：（1）向他人出售或者提供公民个人信息；（2）将在履行职责或者提供服务过程中获得的公民个人信息，出售或者提供给他人；（3）窃取或者以其方法非法获取公民个人信息。犯侵犯公民个人信息罪，情节严重的，处3年以下有期徒刑或者拘役，并处或者单处罚金；情节特别严重的，处3年以上7年以下有期徒刑，并处罚金。

故事中，山北派出所的民警违反国家有关规定，利用职务便利违规查询公民个人家庭住址信息并向他人提供，最终导致被查询人重伤的严重后果，已涉嫌侵犯公民个人信息犯罪。

《民法典》第111条明确规定，自然人的个人信息受法律保护。任何组织或者个人需要获取他人个人信息的，应当依法取得并确保信息安全，不得非法收集、使用、加工、传输他人个人信息，不得非法买卖、提供或者公开他人个人信息。如果侵犯他人个人信息，造成他人损害，还要承担民事赔偿责任。

3. 如果因追讨债务、诉讼等需要查询相关人员信息，该怎么办？

现实生活中，有些群众会因追讨债务、诉讼等需要，要求公安机关提供相关人员的身份证号、住址等信息。出于对公民个人信息的保护，防止违法行为发生，公安机关一般不予支持公民个人查询他人信息的诉求。如果确实需要查询相关人员的个人信息，可以委托律师代理诉讼，由律师持身份证、执业证书、律师事务所介绍信、当事人委托书向公安机关申请查询。律师对获取的公民个人信息应该依法依规使用，造成信息泄露损害他人利益的，也要承担法律责任。

四、辱骂、袭击警察要担责

傍晚时分，晓安和家人晚饭后沿着山南路散步。快走到山南公园时，发现马路上有一群人在围观什么。

路中间停放着一辆出租车，两个中年男子大声争吵着。他们争吵的原因是，出租车行驶时将一只从人行道突然窜出的黑色泰迪狗撞倒了，出租车和狗主人因赔偿问题起了争执。

狗主人要求司机照价赔偿1800元，司机则坚称自己开车速度较慢并及时刹了车，狗看上去无大碍，且狗主人没有拴狗绳，不同意赔偿。

随后，司机想把出租车停靠在马路一边，以免影响交通，但是狗主人拦在车前面，不让挪动。

双方在马路中间争执不下，引来了围观的人群，造成交通拥堵。

狗主人自诩曾学过武术，越说越激动，做出要打人的架势。围观群众见势不妙，赶快报警，并劝诫双方有事好好说，别把小事变成大事。

不一会儿，闪着警灯的警车赶到现场。随即下来两名男交警，一名50多岁；一名30岁左右。

交警迅速了解了大致经过后，要求双方当事人赶紧从马路中间撤离到安全地带，尽快恢复交通通畅。

于是，出租车司机回到驾驶室，准备将车挪到马路边上，但是狗主人拦在车前面，坚决不让出租车开走，非要当场解决不可。

看到狗主人一副气势汹汹的架势，年长交警走到狗主人身边，和颜悦色地说："有事好商量，注意人身安全，别影响交通。"同时，交警拍了拍狗主人肩膀，想把手搭在对方肩膀上，顺势将其带离至马路边。

不承想狗主人来了脾气，大声嚷道："你想干什么？我哪儿都不去，事情是在路上发生的，就要在路上解决好！"

没想到狗主人情绪这么激动，年长交警顿时愣了一下。随即，脸色恢复了正常，说道："哎呀，多大点事嘛！走，走，我们借一步说话。"说完又想拍一拍其肩膀，以示友好。

谁料，狗主人将身子往旁边一侧，没让交警拍到肩膀。这时，狗主人的妻子在一旁大嚷起来："警察打人啦！警察打人啦！"这一嚷，吸引了更多的路人前来围观，路上的车辆更加拥堵。

面对狗主人妻子的叫嚷，年龄偏大的交警马上制止道："谁打人了，你看看这是什么？！"交警指着胸前的执法记录仪严厉地说，"从我们到现场的那一刻开始，执法记录仪可是全程开启的。请注意你的言行，别干扰正常执法。"

"执法，有你们这样执法的吗？问题没解决，你们执的是什么法？别以为你们是警察，就了不起！"狗主人用手指着年长交警，情绪激动。

"你怎么骂人呢？请配合警察执法，如果对我们执法有异议，你事后可以反映。"年长交警严厉地说道，边说边用手挡开了狗主人指人的手指。

"骂你又怎么了？我还打你呢！"狗主人趁年长交警不注意一巴掌挥过去，将交警的警帽打落在地。

年轻交警见状，一个箭步冲上去，非常利索的一套折腕锁臂、拿肩压肘的擒拿动作，将狗主人控制得死死的。

狗主人顿时没了刚才的气焰，在年轻民警的强力控制下猫着腰，嗷嗷地叫了起来："疼——疼——轻点！轻点！"

"简直就是黑社会！警察居然打人！"一旁的狗主人妻子说完，还想过去帮忙，被旁边的群众劝阻住了。

在年长交警的疏导下，围观的人很快散去，道路很快恢复了正常的秩序。狗主人夫妻和出租车司机被带回公安机关作进一步的处理。

第二天，晓安听说狗主人和出租车之间发生的事情已经有了处理结果。鉴于出租车和狗只发生轻微触碰，未见明显外伤和异常，在出租车司机和狗主人夫妻自愿的情况下，经公安机关居间调解，由出租车司机赔偿狗主人200元钱，此事一次性了结，双方达成一致意见后，签订了调解协议书。

此外，因狗主人辱骂并袭击民警，公安机关对其处以治安拘留10天的处罚。狗主人的妻子因发表不当言论干扰民警执法，鉴于其认错态度较好，公安机关予以口头警告。

因狗被撞引发的一件小事，结果狗没受伤，狗主人却被关进拘留所了。

警察普法讲堂

1. 以辱骂、暴力等方式阻碍警察依法执行职务，应承担什么责任？

警察执法过程中，个别人以辱骂、暴力等方式阻碍依法执行职务，侵犯了警察的合法权益，轻则被罚款、拘留，重则以袭警罪予以刑事处罚。

根据《治安管理处罚法》第61条规定，阻碍国家机关工作人员依法执行职务的，阻碍执行紧急任务的消防车、救护车、工程抢险车、警车或者执行上述紧急任务的专用船舶通行的，强行冲闯公安机关设置的警戒带、警戒区或者检查点的，处警告或者500元以下罚款；情节严重的，处5日以上10日以下拘留，可以并处1000元以下罚款。特别强调，阻碍人民警察依法执行职务的，从重处罚。

根据《刑法》第277条规定，以辱骂、暴力等方式阻碍警察依法执行职务，涉嫌以下两项罪名。（1）妨害公务罪：以暴力、威胁方法阻碍国家机关工作人员依法执行职务的，或者故意阻碍国家安全机关、公安机关依法执行国家安全工作任务，未使用暴力、威胁方法，造成严重后果的，处3年以下有期徒刑、拘役、管制或者罚金。（2）袭警罪：暴力袭击正在依法执行职务的人民警察的，处3年以下有期徒刑、拘役或者管制；使用枪支、管制刀具，或者以驾驶机动车撞击等手段,严重危及其人身安全的,处3年以上7年以下有期徒刑。

根据《最高人民法院、最高人民检察院关于办理袭警刑事案件适用法律若干问题的解释》第1条规定,袭击正在依法执行职务的人民警察,具有下列情形之一的,应当认定为《刑法》第277条第5款规定的"暴力袭击":(1)实施撕咬、掌掴、踢打、抱摔、投掷物品等行为,造成轻微伤以上后果的;(2)实施打砸、毁坏、抢夺人民警察乘坐的车辆、使用的警械等行为,足以危及人身安全的。

与人民警察发生轻微肢体冲突,或者为摆脱抓捕、约束实施甩手、挣脱、蹬腿等一般性抗拒行为,危害不大的,或者仅实施辱骂、讽刺等言语攻击行为的,不属于《刑法》第277条第5款规定的"暴力袭击",不构成袭警罪,但可能构成妨害公务罪。

根据《最高人民法院、最高人民检察院关于办理袭警刑事案件适用法律若干问题的解释》第2条规定,暴力袭击正在依法执行职务的人民警察,具有下列情形之一,足以致人重伤或者死亡的,应当认定为《刑法》第277条第5款规定的"严重危及其人身安全":(1)使用枪支、管制刀具或者其他具有杀伤力的工具的;(2)驾驶机动车撞击人民警察或者其乘坐的车辆的;(3)其他严重暴力袭击行为。

2. 在网上编造虚假信息，歪曲事实，抹黑执法活动，应承担什么责任？

有的不法分子对警察执法活动录音录像资料掐头去尾、恶意剪辑，编造虚假信息在信息网络上传播，混淆视听，抹黑执法活动，扰乱公众视听，甚至造成公共秩序严重混乱。

根据《最高人民法院、最高人民检察院关于办理利用信息网络实施诽谤等刑事案件适用法律若干问题的解释》第5条规定，通过捏造、编造虚假信息文稿，编辑图片、音频、视频资料等方式编造虚假信息，故意歪曲、抹黑人民警察依法执行职务活动，或者明知是编造的虚假信息，在信息网络上散布，或者组织、指使他人在信息网络上散布，起哄闹事，混淆视听，造成公共秩序严重混乱的，以寻衅滋事罪追究刑事责任。

如果在信息网络上散布虚假信息后，及时、有效删除虚假信息，虚假信息未被大量转发、评论或者报道，未造成广泛影响，一般不认定为"造成公共秩序严重混乱"，构成违反治安管理行为的，依照《治安管理处罚法》的规定处罚。

3. 在人民警察执法过程中，普通公民应当怎样配合，才不至于和警察发生冲突呢？

作为普通公民，理性、平和地配合警察执法，要树立以下三点意识：

第一，维护法律权威的意识。警察作为执法者，代表的是法律，而不是其个人。作为公民，要主动维护法律的权威，积极配合警察的执法行为。试想，如果人人都掺杂着个人的主观情绪，随意冲撞警察的执法行为，法律的权威将无从体现，社会治安秩序必将受到损害，那最终受影响的还是我们自己。

第二，保持克制、配合的意识。一些群众解决问题的心情迫切，认为警察没有向着自己，或者认为警察可能存在执法不公时，冲动之下，做出言语侮辱谩骂、威胁恐吓，或者肢体上阻拦、冲突甚至暴力抗法，或者起哄喧闹、自伤自杀等行为，阻挠警察正常执法。有这些过激举动的，轻则违反《治安管理处罚法》，被罚款、拘留，重则将以妨害公务罪、袭警罪予以刑事处罚。事情不但没解决，反而把自己的处境变得更糟。

第三，自觉维护合法权益的意识。如果认为警察执法确实有不规范不公正的地方，侵犯了自身的合法权益，在克制、配合的情况下，可以保留好相关证据，通过合法救济渠道来解决，如投诉、信访、行政复议等。

五、遭遇家庭暴力，该怎么办？

一年前，离异的程女士通过网络认识了同样离异的王某。后来两人合伙摆摊做生意，逐渐产生感情并领了结婚证。

随着交往的深入，两人之间的矛盾日渐升级。王某性格偏执暴躁，沉迷打牌，酗酒，还有犯罪前科。要是王某打牌输了，心情不好，或者喝醉酒，就会对程女士大吵大嚷，继而大打出手。

程女士总是遍体鳞伤，但是为了 8 岁的女儿，程女士选择了隐忍。

直到有一次，程女士的女儿放学回家，王某醉醺醺的，边喝酒边大嚷着让小孩陪着一起喝。小孩明确说自己还小，不喝酒。

"这酒，你不喝，也得喝……你不喝，修理你……"王某用手指着小孩，提着酒瓶摇摇晃晃地站了起来。

小孩尖叫一声，吓得背着书包跑出了家门。最后，程女士报了警，到凌晨才将在外游荡的女儿找到并接回家。

孩子的健康和安全是程女士最牵挂的事情。这件事情发生后，程女士下定决心要和王某分手。

王某意识到错误，向程女士道歉，表示下不为例，但程女士态度坚决，执意要分手，王某继续纠缠，曾在酒后持刀划伤程女士手臂和腿部，造成程女士轻微伤。

毕竟两人曾经好过，程女士也不想事情进一步恶化，没有过多追究，在山南派出所组织下与王某达成和解，王某承诺不再骚扰程女士及其家人,并从程女士家中搬走。

程女士拉黑了王某的电话,但因王某知晓其住址和女儿读书的学校,程女士害怕断绝联系后王某会做出过激行为,故未拉黑王某微信。

此后,王某以好聚好散为由持续纠缠,要求程女士必须第一时间回复信息、接视频电话。

有一次,王某以归还钥匙为由骗程女士下楼,将其用牙咬伤后离去。

之后,王某多次到程女士居住楼层蹲守。

因为曾经被多次暴力伤害,同时也害怕王某伤害女儿,程女士感到很恐惧。

在亲友的陪同下,程女士前往沿江区妇联反映了遭遇家庭暴力的情况。沿江区妇联依法对申诉事项进行登记,查看伤情图片、聊天记录等资料,核实程女士报警的两次警情,认为涉事妇女确有现实人身危险。

随后,程女士在区妇联工作人员的陪同下,到区法院申请人身安全保护令绿色通道。其间,因王某在程女士住所附近宾馆开房,并发微信语音要求程女士尽快过去,导致其不敢回家,区妇联提供了临时就近庇护。

经紧急处置,区人民法院于当日晚对程女士申请人身安全保护令一案审查终结,依法发出人身安全保护令。山南派出所依法对王某进行训诫,王某签订了悔过书和承诺书,承诺不再骚扰程女士及其家人。

第四章　案件，不可不知的法律常识

同时，区妇联将相关情况通报至区司法局，协调适时对涉事双方矛盾纠纷调解需求提供专业调解力量支持，并要求街道妇联将该户家庭纳入动态关注，联合辖区派出所定期入户走访，确保家庭暴力行为得到有效制止。

警察普法讲堂

1. 遭遇家庭暴力后，应该怎么办？

家庭是社会的基本细胞，家庭和谐是社会和谐的重要组成部分，国家禁止任何形式的家庭暴力。《反家庭暴力法》明确规定，家庭暴力是指家庭成员之间以殴打、捆绑、残害、限制人身自由以及经常性谩骂、恐吓等方式实施的身体、精神等侵害行为。根据《反家庭暴力法》第37条和《最高人民法院关于办理人身安全保护令案件适用法律若干问题的规定》第4条规定，《反家庭暴力法》不仅预防和制止家庭成员之间的暴力行为，对家庭成员以外共同生活的人之间实施的暴力行为同样适用。"家庭成员以外共同生活的人"一般包括共同生活的儿媳、女婿、公婆、岳父母以及其他有监护、扶养、寄养等关系的人。

如果不幸遭遇家庭暴力，受害人及其法定代理人、近亲属可以向加害人或者受害人所在单位、居委会、村委会、妇联等单位投诉、反映或者求助，也可以向公安机关报案或者依法向人民法院起诉。同时，单位、个人对正在发生的家庭

173

暴力行为，也有权及时劝阻。

公安机关接到家庭暴力报案后应当及时出警，制止家庭暴力，按照有关规定调查取证，协助受害人就医、鉴定伤情，并应当对报案人的信息予以保密。家庭暴力情节较轻，依法不给予治安管理处罚的，由公安机关对加害人给予批评教育或者出具告诫书；构成违反治安管理行为的，依法给予治安管理处罚；构成犯罪的，依法追究刑事责任。

针对家庭暴力受害人，《反家庭暴力法》给出了诸多救济措施：（1）无民事或限制民事行为能力人，因家庭暴力身体受到严重伤害、面临人身安全威胁或者处于无人照料等危险状态的，公安机关应当通知并协助民政部门将其安置到临时庇护场所、救助管理机构或者福利机构。（2）公安机关对加害人出具告诫书的，居委会、村委会、公安派出所应当对收到告诫书的加害人、受害人进行查访，监督加害人不再实施家庭暴力。（3）县级或者设区的市级人民政府可以单独或者依托救助管理机构设立临时庇护场所，为家庭暴力受害人提供临时生活帮助。（4）法律援助机构应当依法为家庭暴力受害人提供法律援助；人民法院应当依法对家庭暴力受害人缓收、减收或者免收诉讼费用，同时可以根据公安机关出警记录、告诫书、伤情鉴定意见等证据，认定家庭暴力事实。（5）监护人实施家庭暴力严重侵害被监护人合法权益的，人民法院可以依法撤销其监护人资格，另行指定监护人。被撤销监护人资格的加害人，应当继续负担相应的赡养、扶养、抚养费用。（6）工会、共青团、妇联、残联、居委会、村委会等应当对实施家庭暴力的加害人进行法治教育，必要时还可以对加害人、受害人进行心理辅导。

2. 遭受家庭暴力或者面临家庭暴力的现实危险，如何保障人身安全？

根据《反家庭暴力法》规定，当事人因遭受家庭暴力或者面临家庭暴力的现实危险，可以由本人或者其近亲属、公安机关、妇联、居委会、村委会、救助管理机构向人民法院申请人身安全保护令。申请人或者被申请人居住地、家庭暴力发生地的基层人民法院受理申请后，应当在72小时内以裁定形式作出人身安全保护令或者驳回申请；情况紧急的，应当在24小时内作出。

人民法院作出的人身安全保护令，由人民法院执行，公安机关以及居委会、村委会等应当协助执行，包括下列措施：（1）禁止被申请人实施家庭暴力；（2）禁止被申请人骚扰、跟踪、接触申请人及其相关近亲属；（3）责令被申请人迁出申请人住所；（4）保护申请人人身安全的其他措施。

被申请人违反人身安全保护令，构成犯罪的，依法追究刑事责任；尚不构成犯罪的，人民法院应当给予训诫，可以根据情节轻重处以1000元以下罚款、15日以下拘留。

人身安全保护令自作出之日起生效，有效期不超过6个月，在失效前，申请人可以向人民法院申请撤销、变更或者延长。

第五章
你所不了解的警察执法程序

一、出警几步路为什么要开警车？

周日早上，晓安开车去商场购物。经过车库门口时，晓安发现车辆出入口被一辆车堵得死死的，车主和物业工作人员发生了激烈的争吵。

争吵的原因是，车主停在车库的车辆被人划伤了车漆，报警后由于没有视频监控，暂时未能查到责任人员。车主认为小区物业既然收了物业费，就要尽到看管的义务，至少要完善车库内的监控设备。

为此，车主多次找到小区物业，但是小区物业的工作人员找借口回避，问题久拖不决。车主无奈之下，索性将车堵在了车库的出入口。

车主和物业工作人员的争吵引来了更多业主的围观。

由于近期不少业主的车辆在车库出现车漆被划、玻璃被砸、车牌受损等问题，小区物业均未能予以妥善解决，这次有业主带头堵塞车库出入口，围观的业主积压的情绪借此机会得到了宣泄，集体谴责小区物业的不作为。

物业工作人员看到业主群情激愤，遂拨打了报警电话。

宁宇小区车库出入口离山南派出所也就300米左右的距离，很快，闪着警灯的警车达到现场。

两名警察下车了解情况后，劝诫车主先把车挪开，再商量解决办法。

但是，聚集的业主中有人表示，不解决问题，就不挪车，不然物业还以为业主好欺负。其他业主也附和起来，坚决不同意挪车。

随即，民警征求物业工作人员的意见，物业工作人员电话请示公司主管后，表示同意解决问题，但是需要和车主进一步协商。

这时，一名女性业主走到民警身边，说自己着急开车送家里老人去医院看病，希望民警尽快疏导堵塞的车辆。

于是，民警劝导车主依法理性表达诉求，而且物业也同意商量解决问题，希望车主把车挪开，一起去派出所商量解决的办法。

民警刚说完，一旁有业主说："刚才听到民警和物业人员嘀嘀咕咕的，谁知道他们背后搞的是什么鬼。"

又有业主附和说："从派出所到这里走路也就两三分钟，民警过来还开警车，浪费纳税人的钱，这是特权做派，民警的话不能信。"

这时有业主拨打了投诉电话，投诉民警出警几步路的距离还开警车。

一时间，业主们又吵嚷起来。

民警向业主们劝解道："大家聚集在这里，最终目的都是解决问题，物业也表达了解决问题的诚意。这样，车主把车先挪开，再从业主中推选两名代表和物业工作人员一起到派出所去协商解决办法，这个事情我们也会通报到街道办事处，一同督促物业解决问题，争取给大家一个满意的答复，好不好？"

民警说得有道理，业主们也不好再说什么了。很快，车

第五章　你所不了解的警察执法程序

主把车开回了车库,随同推选出来的代表以及物业工作人员一起到派出所进行协商解决,聚集的人群也就散了。

下午,晓安听小区其他业主说,车主的问题解决了。物业适当减免车主的物业费,且在车库关键部位增加监控摄像头数量,同时进一步加强保安对车库的巡逻。

不过,业主投诉警察几步的路程开警车的问题,会是什么结果?晓安感到好奇。

警察普法讲堂

1. 为什么有时候民警出警几步路还要开警车?

有人认为,民警出警几步路还开警车,是浪费纳税人的钱、耍特权。其实,这是群众对警察工作不熟悉引发的误解。民警开警车出警,是有很多现实的考量的。

首先,警车后备厢一般配备有头盔、盾牌、钢叉、防刺服、抓捕网等应急装备,方便警察在遇到持刀伤人等突发情况时能及时使用,防止处置工作被动。

第二,警察除了出警,还要承担巡逻的任务,出警的警车可能刚好从外面巡逻回来,或者警察当场调解后,就去下一个目的地巡逻了。

第三,对于一些意料之外的情况,如有人需要紧急送医等突发情况,警车能发挥出应有的作用。

当然,有些时候距离确实很近,警情很简单,民警也没有对外巡逻任务的时候，可能会步行出警。

所以，出警开不开警车要根据实际情况综合考虑。

2. 民警处理矛盾纠纷时还有哪些常见的误解？

警察是离人民群众最近的职业之一，也很容易遭受误解。最常见的误解之一，是在派出所调解矛盾纠纷时被认为不负责任、"踢皮球"。

通常，双方当事人因矛盾纠纷去派出所时有言语冲突，有时会争吵得非常厉害。一般来说，民警会先做登记，核实身份，了解双方诉求，居间协调，推动问题解决。如果双方情绪稳定，互通情理，配合民警调解，会很快达成一致意见，把矛盾纠纷解决好。

但有些时候，双方因为分歧太大，各不相让，还会有持续的言语争吵过程。在暂时无法弥合双方分歧的情况下，民警可能会让双方先自行协商，等双方情绪稳定，争吵渐渐平息后，民警再次过来调解。最后，双方互相让步，有所妥协，在派出所达成调解协议。这时问题虽然解决了，但是有些人或许会认为民警不管事、没有责任心，甚至有人投诉民警不作为。

其实这与公安机关的职能、民警的调解策略以及基层公安机关的实际工作情况有关。

第一，矛盾纠纷调解要以双方自愿为前提。公安机关作为中立的居间调解者，在矛盾纠纷双方意见分歧较大的情况下，没有权力强制要求矛盾纠纷双方必须和解。调解一般以两次为限，对于达不成一致意见的，公安机关一般会引导当事人通过民事诉讼渠道进行解决。

第二，适当冷处理是民警调解矛盾纠纷的一种策略。在矛盾纠纷双方各执己见又不肯让步的情况下，民警说太多也是徒劳，没人能听进去，适当的冷处理有利于双方冷静下来。双方冷静后，求同存异，各让一步，反而更容易和解。

第三，派出所民警需要兼顾各项工作。民警值班过程中，不断会有新的警情、案（事）件、群众咨询等工作需要及时处理，为了兼顾各项工作，当事人先自行协商更高效。当然，如果矛盾纠纷双方有了和解的基础，民警会优先调解处置。

二、为什么罚我不罚他？

一天，晓安开车到山北路与客户对接家政服务事项。由于周边的停车场不好找，停车时间又不长，晓安看到附近有几辆私家车停在路边，顺势也将车停在了路边。

大约过了二十几分钟，晓安出来准备开车时，发现挡风玻璃雨刮下面已经被贴上了罚单。晓安懊恼不已。

不经意间，晓安看了一眼后边的一辆汽车，这辆车好像没有被贴罚单。走近一看，还真是没有。晓安再走到前边那辆车旁，发现也没有罚单。

奇怪，这交警单单看我的车不顺眼不成？晓安带着疑惑，匆忙往车前面的方向走了一段距离，发现有的车被贴了罚单，有的车没有被贴罚单。

一股愤愤不平的情绪涌上了晓安的心头："交警开罚单也是看人下菜碟，这是歧视性执法！"

回到单位，晓安向办公室的同事发牢骚，引发了同事老韩的共鸣。

老韩说自己也遭遇过歧视性执法。此前不久，老韩把车停在小区外面的马路上，第二天早上发现车被贴了罚单，但是周围也有好多车没有被贴罚单。

晓安和老韩两人都很无奈，心想，谁让自己违规在先呢，罚款该交还是要交，毕竟平常老百姓怎么拗得过执法者呢？

过了几天，晓安在山南路临近宁宇小区的斑马线处等红灯过马路时，一辆载人电动自行车行驶过来。当时马路上的

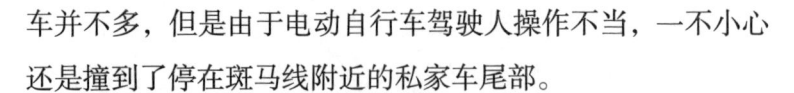

车并不多，但是由于电动自行车驾驶人操作不当，一不小心还是撞到了停在斑马线附近的私家车尾部。

私家车左后角的车漆被撞掉了一块，车体有明显的凹陷，电动自行车驾驶人腿部也有轻微的软组织挫伤。

从附近便利店买完水回来的私家车车主看到后，顿时气不打一处来，责骂电动自行车驾驶人开车没长眼睛，必须照价赔偿损失，同时还要赔偿误工费。

电动自行车驾驶人也不甘示弱，指了指旁边的禁停标志，责怪私家车根本就不应该停在那里，要求违停一方赔偿事故损失，并承担医药费。

一时间，两人争执不下，最后报了警。

两名交警很快到达现场，迅速开展现场拍照和询问工作。在了解了事故经过后，以电动自行车驾驶人驾驶电动自行车操作不当为由，判定其负全责。

对此，电动自行车驾驶人表示强烈反对，认为私家车辆违停是导致此次事故的直接原因，理应由私家车司机负全责，交警不应该偏袒对方，不应该执法不公。

私家车驾驶人随即指责女驾驶人推卸责任，赶快履行赔偿义务，继而和电动自行车驾驶人发生了激烈的争执。

事故双方各执一词，引来了群众围观。交警见很难在现场把事故处置妥当，于是将事故双方带回公安机关作进一步的处理。

在事故双方离开后，晓安觉得私家车主违章停车是事故诱因，电动自行车驾驶人的主张是对的。同时，晓安又想起私家车车主喊了那名五十多岁的交警好几声"哥"，加上之前自己的经历，更加认为交警存在执法不公、歧视性执法的问题。这种情况下，该怎么办呢？

警察普法讲堂

遇到警察执法不公，该怎么办？

在全面依法治国的大背景下，严格规范公正文明执法已经成为警察执法的基本要求，警察执法不公的问题不能说完全没有，但确实是越来越少了。如果真遇到警察执法不公，可以收集、固定证据，拨打公安部举报电话12389或者向当地公安机关督察部门投诉，维护自身的合法权益。

现实生活中，有些群众受到警察作出的行政处罚或者在矛盾纠纷调解中警察没有偏向自己，主观上认为个人利益没能得到维护，或者一方当事人的亲友听取片面讲述，对事情的前因后果未全面掌握时，很容易产生警察执法不公、歧视性执法的主观感受。这种误解现象在交通执法案件中往往比较普遍。

我们就故事中的三起交通执法分析可能存在的误解。

（1）关于有的车被贴罚单，有的车没被贴罚单的问题。可能有这样的情况：晓安在马路边停车离开后不久，刚好有交警过来贴罚单，有些司机发现有警察就马上把车开走了，晓安和其他一些司机不在车辆旁边，所以车辆被贴了罚单。等交警走后，一些临时急着办事或者比较粗心的车主看到马路边还有空位，也没有注意到其他车被贴罚单的情况，直接把车停在路边。等晓安出来后，就会发现有的车被贴罚单、有的车没被贴罚单的情况，于是产生交警歧视性执法的主观感受。

还有一种情况是，为了缓解市民停车难的现状，有些城市会在市区部分路段设置晚上停车不纠违时间段，如晚上10点到次日早上7点允许停车，在这个时间段之外停车就要被处罚。故事中，老韩可能是在晚上10点前停的，别人是在晚上10点后停的，所以造成了不一样的执法结果。

一般来说，交警都是巡逻往返执法的，不按照交通规范停车，被贴罚单是迟早的事情。

（2）关于电动自行车驾驶人撞上违停私家车负全责的问题。有人认为私家车违停导致事故发生，私家车车主应该负全责；有人认为违停是违停，事故是事故，交警可以处罚违停，但是私家车车主不应该对事故负责；有人认为私家车违停和电动自行车操作不当均是引发事故的原因，双方都应该承担责任。

公说公有理，婆说婆有理。对于责任的判定，还要看违停车辆对事故的发生有无直接的因果关系。具体分为以下两种情形：

情形一，违停和事故发生无必然的因果关系。比如，大白天的，路上车辆不多，驾驶人视线很好，正常行驶是不可能撞上去的。如果这时候驾驶人自身操作不当导致与违停车辆发生碰撞，理应为自己的错误操作负全部责任，这时候违停车辆是无责任的。当然，违章停车该处罚还是要依法处罚的。这样处理，也有利于防范某些碰瓷或蓄意报复违停车辆的行为发生。

情形二，违停和事故发生存在一定的因果关系。比如，晚上，违停车辆停在一急转弯处，又没有警示措施，虽然后车已经很小心了，但还是发生了碰撞事故。这时候，违停车辆需要承担责任。

事情的发生有多种可能，在不了解事情背景的情况下，任何人在作出判断时都要保持应有的审慎。公安机关在深入做好群众普法宣传工作的基础上，也期待人民群众更多的理解和支持。

三、小动物被伤害，为什么不予立案？

宁宇小区有一位独居老太太,姓刘,从沿江区文化馆退休后,唯一的爱好就是养猫,家中已经养了六七只猫,大多数都是从外面领养的流浪猫。

一次,刘老太太在小区发现一只狸花猫在一户居民家外的二楼阳台上惨叫,看样子似乎下不来。刘老太太跑去敲了那一户居民家的门,结果无人在家。

于是,刘老太太找到小区物业帮忙。小区物业倒是很热心,立马安排保安搬梯子赶到现场。

保安刚架好梯子往上爬,谁料狸花猫从阳台很敏捷地跳到了附近的空调外机上,接着又跳到另一户居民家的窗台上,然后进屋了。

再一次,刘老太太在小区草丛里发现一只受伤的小橘猫在舔舐腿部的伤口。刘老太太看着很心疼,赶忙从家中拿了消炎药,想凑近给小橘猫擦药。

刘老太太刚靠近一点,小橘猫便很警觉地跑到了一边。刘老太太又去求助物业。保安过来后,尝试捉了几次,但是小橘猫伤得不重,仍然行动敏捷,怎么也捉不到。

问题没解决,刘老太太报了警。辖区社区民警赶了过来,了解了情况后,通过动物保护组织联系上抓捕动物的专业人员。刘老太太表示,只要小橘猫能够得到救治,愿意承担抓捕费用。

专业抓捕人员到了小区后,小橘猫又跑到了小区的灌木丛中,最后消失不见了。忙活了大半天,抓捕人员无功而返。

类似的事情发生几次后,小区物业、动物保护组织的人都不太愿意理会刘老太太了。

但是,有一个人让刘老太太很满意,这就是社区民警小张。只要刘老太太报警,小张都会抽时间赶过来处理。

除了喜欢猫,刘老太太对流浪狗也有着天然的爱护之情。

有一段时间,刘老太太发现频繁进出小区的一只狗的腿受伤了,怀疑有人故意伤害小动物,赶紧报了警。

由于狗的活动空间比较大,时间跨度也比较长,且狗主人未知,没有有效的案件线索。

前期,小张做了一些走访调查,由于没有更多的线索,便无法深入下去。

刘老太太对此不满意,说之前有猫被伤害,现在又有狗被伤害,有一次、两次,就还会有更多次。不法分子今天伤害小动物,明天就可能伤害人,警察务必要好好管一管。

等了一段时间,刘老太太多次找到社区民警小张,仍没有得到预期结果,于是投诉小张,说小张没爱心、不作为。

虽然山南派出所向刘老太太解释过,但刘老太太不满意,要求公安机关立案侦查。

后来,刘老太太在小区内到处张贴爱护小动物的倡议,同时带着受伤的猫、狗的照片和信访材料,到政府部门信访。

面对刘老太太的投诉和督察部门的调查,社区民警小张感到很无奈。

警察普法讲堂

1. 有人故意伤害小动物,公安机关为什么不立案?

关于小动物受伤,公安机关立案还是不立案,不能一概而论。一般来说,要区分以下三种情况:

第一,如果故意伤害的小动物是国家重点保护的珍贵、濒危野生动物,根据《刑法》第341条第1款规定,可能涉嫌危害珍贵、濒危野生动物罪,公安机关应当立案。

第二,如果故意伤害的小动物是他人饲养的动物,根据造成的财产损失来定是否立案。在数额较大或者有其他严重情节的情况下,根据《刑法》第275条规定,可能涉嫌故意毁坏财物罪,公安机关应当立案。在达不到刑事处罚标准的情况下,根据《治安管理处罚法》第59条规定,公安机关可能会按照故意损毁公私财物给予拘留、罚款。

第三,如果故意伤害的小动物是无主的非重点保护动物,如故事中的猫、狗,公安机关发现后会视情给予适当救助并对当事人开展教育引导,依据现有法律暂不能对当事人进行立案处罚。可以通过社会舆论对当事人给予道德层面的谴责批判,如新闻曾经报道的虐猫、虐狗事件。

2. 对于无主小动物被故意伤害而公安机关无法立案的情况，该怎么办？

群众的困难是纷繁复杂的，有一些问题超越了公安机关的职权范围。群众对此又有着较高的期待，容易造成心理落差。可以说，群众不满意，公安又有难处。特别是在一些公安机关职能职责之外的事情上，还有一些值得探讨的地方：

第一，现在12345市民服务热线解决了很多与群众生活息息相关的问题，对非警务警情的分流还需进一步加强，增强群众遇事主动找事权部门的意识。

第二，对于一些政府职能部门职责上的空白，如小动物受伤害无法立案的情况，可以引导非政府组织发挥作用。

第三，公安机关在处理问题时，也有轻重缓急之分，特别是一些新问题、新现象不断涌现，处置过程中存在法律上的空白和执行上的难点，需要有合适的契机，不是说解决就能当场解决的，这时候需要群众保持足够的理性和耐心，给予更多的理解和支持。

3. 有主小动物伤人，责任该怎样认定呢？

根据《民法典》第1245条规定，饲养的动物造成他人损害的，动物饲养人或者管理人应当承担侵权责任；但是，能够证明损害是因被侵权人故意或者重大过失造成的，可以不承担或者减轻责任。第1247条和第1249条规定，禁止饲养的烈性犬等危险动物造成他人损害的，由动物饲养人或者管理人承担侵权责任；遗弃、逃逸的动物在遗弃、逃逸期间造成他人损害的，由动物原饲养人或者管理人承担侵权责任。

此外，根据《治安管理处罚法》第89条规定，饲养动物，干扰他人正常生活的，处警告；警告后不改正的，或者放任动物恐吓他人的，处1000元以下罚款。违反有关法律、法规、规章规定，出售、饲养烈性犬等危险动物的，处警告；警告后不改正的，或者致使动物伤害他人的，处5日以下拘留或者1000元以下罚款；情节较重的，处5日以上10日以下拘留。未对动物采取安全措施，致使动物伤害他人的，处1000元以下罚款；情节较重的，处5日以上10日以下拘留。

如果驱使动物伤害他人，则依照《治安管理处罚法》第51条规定处罚，根据该条规定，故意伤害他人身体的，处5日以上10日以下拘留，并处500元以上1000元以下罚款；情节较轻的，处5日以下拘留或者1000元以下罚款。构成轻伤及以上的，根据《刑法》第234条规定，以故意伤害罪追究刑事责任，致人轻伤的，处3年以下有期徒刑、拘役或者管制；致人重伤的，处3年以上10年以下有期徒刑；致人死亡或者以特别残忍手段致人重伤造成严重残疾的，处10年以上有期徒刑、无期徒刑或者死刑。

提醒所有饲养动物者，一定要尽到审慎看管的责任，防止造成麻烦和损害。

四、买到"冒牌"净水器,为什么不予立案

第五章 你所不了解的警察执法程序

一个月前，王大爷在菜市场附近看见某品牌净水器正在促销。推销员使尽浑身解数，散发小礼品、现场抽奖、功能演示、讲解健康知识等，吸引了众多居民围观。

看到附近的几位老年居民在现场购买了净水器，并得到一套包含刀具、铁锅的附赠厨房用具，王大爷心动了。随即，王大爷也购买了一套净水器，花了3000多元。

当天，销售人员就将净水器安装在王大爷家中。王大爷用起来也是喜滋滋的。

没高兴半个月，王大爷的儿子回家探望时，发现安装的净水器与某品牌常见的外观不同，怀疑老人被骗了。

王大爷一听，这还了得，马上报了警。

警察赶到现场了解了情况后，初步断定这是一起买卖纠纷。在组织双方调解时，王大爷要求退钱，销售员则表示其所售卖的是正品，是某知名品牌的另一型号，发货时因失误发错了型号，但两种型号的产品功能相近、价值相同，不存在欺骗问题，不同意退钱。可是，王大爷要求的品牌型号暂时没有货，双方僵持不下。

由于调解必须在双方自愿的情况下开展，警察向王大爷进行了详细解释，由于此事涉及买卖纠纷，建议王大爷到市场监管部门反映问题。

市场监管部门收到王大爷的反映后，也组织双方作了进一步的调解，但是未能达成一致意见。

针对王大爷反映对方销售假冒伪劣产品的问题，市场监

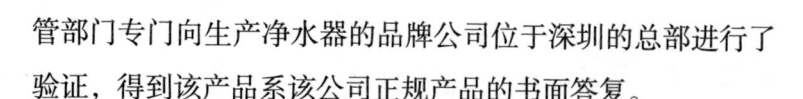

管部门专门向生产净水器的品牌公司位于深圳的总部进行了验证，得到该产品系该公司正规产品的书面答复。

对于这一答复，王大爷不认可，坚持认为对方公司信不过，要求退货还钱。

经市场监管部门联系销售员，对方表示请示公司后再答复，之后就没有回应了。

鉴于对方销售的产品为真实产品，且当事双方未签订书面合同，销售员是个体代销，并无实体门店，市场监管部门也没有更好的约束手段，建议老年人通过民事诉讼渠道解决问题。

王大爷对此建议不能接受，又前往山南派出所，要求以诈骗罪追究对方销售员的责任。

由于销售员已实际交付了产品，且产品经市场监管部门确认系正规产品，系明显的买卖纠纷，不构成诈骗犯罪。

对此，山南派出所又联系销售员准备再做一次调解。但是，销售员表示已不再做代理销售，拒绝配合处置，让王大爷找品牌公司进行解决。后来，销售员索性拒接电话。

没办法，民警只能建议王大爷向法院提起民事诉讼来解决纠纷，但是王大爷认为打官司折腾不起，坚决要求立案，以涉嫌诈骗罪追究对方责任。依照法律程序，山南派出所向王大爷出具了不予立案通知书。

收到不予立案通知书后，王大爷多次到信访部门投诉山南派出所执法不作为。

最终，王大爷在公安机关的引导下，到沿江区人民法院提起民事诉讼。法院工作人员通过诉前调解，协调品牌公司置换了一台王大爷认可的净水器。

警察普法讲堂

1. 买到"冒牌"净水器，公安机关为什么不查处呢？

对于这个问题，要作两种区分：

第一种，如果是像故事中品牌被调换但仍属于正规产品的情况，并非真的买到冒牌货，属于民事买卖纠纷，根据管理权限，由市场监管部门进行协调处理为宜。

第二种，如果涉及假冒伪劣产品，一般由市场监管、卫生健康等部门介入调查，视情予以行政处罚，金额较大、对人体健康造成严重危害或者有其他严重情节涉嫌犯罪的，有关部门将移交公安机关以生产、销售伪劣商品罪追究刑事责任。

公安机关作为执法部门，必须严格依法依规执法，对违反社会治安管理秩序、刑事犯罪等职责范围内的违法行为进行执法，对职责范围之外的行为无权强行干涉。这也是对当事人合法权益的维护，防止执法权力被滥用。也就是我们通常说的，法无授权不可为。

2. 在民事权益被侵害时，公安机关不予立案，该怎么办？

生活中，有的人遇到民事权益受到侵害的问题，仍习惯于找公安机关，希望公安机关以涉嫌违法犯罪开展调查，意图通过公安强制力介入促使对方让步，进而解决问题。

一旦公安机关不予受理，虽然告知了当事人通过司法调解、民事诉讼等渠道解决，但一些当事人仍然不愿放弃，通过反复拨打报警电话、投诉民警执法不作为等方式表达诉求。很多人认为司法调解、民事诉讼，一定是旷日持久、劳民伤财的事情，还是找公安机关解决来得快，其实也不尽然。

一方面，公安机关执法权必须依法依规行使，对超出治安、刑事领域的民事行为，没有执法权限，反复纠缠也无益于问题解决。

另一方面，一些简单的民事纠纷可以进行司法调解，即便诉讼到法院，法院也可以进行诉前调解。说到底，很小的一件事情，对方通常也不愿意打官司，彼此各让一步，诉前调解，一般不超过一个月时间就解决了。

当然，如果对方不让步，对于这些事实较为清楚、权利义务明确，且争议不大的简单民事案件，也可以走简易程序诉讼，时间一般不超过三个月。

诉讼并不像有的人想象得那么复杂、神秘，该通过诉讼渠道解决的问题，诉讼或许就是最好的解决渠道。

五、警察不予立案，可以申诉吗？

一大早，晓安刚踏进公司办公室，便迎面碰到公司后勤保障部部长谢奇耷拉着脑袋，垂头丧气的样子。

晓安平日里和谢奇关系较好，主动问谢奇是不是身体哪里不舒服，还是遇到什么难题了。

通过交谈，晓安才知道公司可能遭遇了诈骗，但公安机关认定为民事欺诈，不予立案，谢奇对此焦虑不已。

近年来，乐和家政公司业务发展迅猛，按照公司老板的规划和安排，准备再开一家子公司，选址的任务落到了谢奇的肩上。谢奇受领任务后，四处寻找子公司的地址。

功夫不负有心人，没多久，谢奇便相中了一家小公司准备转让的办公地，位于全安市沿江区领尚小区边上。

经向公司老板汇报，老板认为领尚小区是全安市不可多得的大型中高档小区，市场前景乐观，且办公场地租金价格合理，当即就拍板定下了，要求谢奇迅速落实，不要耽误子公司开业。

很快，谢奇和小公司老板商量转让事宜，第三方启胜物业公司也参与了进来。原来，转让的办公场地是小公司从启胜物业公司租赁过来的，租期8年，总费用95万元，刚付完30万元定金，还没有签合同，小公司却另有安排，于是决定转租出去。

接下来，谢奇代表乐和家政公司与小公司签订了转让合约，承接转让的办公场地并给付了30万元转让费用，随后又与房屋所有者启胜物业公司签订承租合约，支付了剩余的

65万元租金。

事情很顺利,谢奇便很快组织施工部门进场装修改造。但是,接下来的事情却让谢奇大跌眼镜。

施工部门刚进入办公场地,还没有开始施工,保安就找上门来了。保安说,小区业主得知办公场地要改造为家政公司后,强烈反对,理由是家政公司频繁有外部人员进出,严重影响小区居民安全。

谢奇尝试与小区业主和物业沟通,物业的回答很果决——在小区内开家政公司绝对不行。一旦被发现施工,后续将面临断水、断电、停电梯、现场阻工等后果。

一番了解后,谢奇才知道承接的办公场地但凡有公司进场装修,都会遭到小区业主的强烈阻挠。在此之前已经有好几家公司被赶跑了,这个办公场地属于租不出去的问题场地。

看来前一个小公司中途退场是有原因的,谢奇为自己事先没有详尽调查情况懊恼不已。

后来,谢奇得知所承租的办公场地实为全安市某资产管理公司所有,启胜物业公司在承租后又进行了转租。了解到上述情况后,谢奇又马不停蹄地跑到全安市某资产管理公司。

全安市某资产管理公司知晓谢奇的来意后,很快就将其与启胜物业公司的租赁合同调取了出来。租赁合同写明租赁费用为35万元,租期为5年,且不得转租,否则按违约处置，将收回房屋并没收保证金5万元。

针对调查掌握的情况，谢奇再次找到启胜物业公司，表明对方存在故意隐瞒房屋所有权、承租年限、小区业主反对商业出租等问题，要求返还租金，否则以该公司涉嫌诈骗罪向公安机关报案。但是，启胜物业公司根本不予理睬。

谢奇在向公司老板汇报情况后，最后商定由谢奇收集相关证据，去辖区山北派出所报案。

接到报案后，山北派出所高度重视，详细了解情况后，认为涉及金额巨大，经与刑侦大队联系后，告知谢奇到沿江区公安分局刑侦大队报案。刑侦民警认真审看了谢奇提供的报案材料后，做了案件受理和笔录询问。

对于启胜物业公司不遵守合同约定的行为，全安市某资产管理公司很快向对方送达了解除合约函，明确告知将在一个月内收回房屋。同时，全安市某资产管理公司也将相关情况告知了谢奇，并对谢奇公司的损失表示遗憾，后续如有需要会配合。

三天后，谢奇收到刑侦大队民警的电话，告知启胜物业的行为属于民事欺诈，不属于公安机关管辖，已制作不予立案通知书，如果有异议，可在收到不予立案通知书后7日内申请复议。

在谢奇领取不予立案通知书的过程中，刑侦民警解释说，启胜物业公司虽然隐瞒了房屋所有权，夸大了租赁时限，但是其目的是促成交易，且实际提供了办公场地。从当前掌握情况来看，启胜物业公司不存在非法占有的主观故意，不构成诈骗罪，但是属于民事欺诈。民警建议谢奇先向辖区的矛盾纠纷调解中心寻求帮助，进行调解，如果达不成一致意见，再通过民事诉讼来解决问题。

没办法，谢奇只好向山北街道矛盾纠纷调解中心求助。山北街道矛盾纠纷调解中心受理后，打电话通知启胜物业公司负责人陶峰到中心进行调解。但是，陶峰以工作忙为由推迟到第二天。

第二天，陶峰再次借故没有到场。

不得已，谢奇只得跑到启胜物业公司去堵人。人没堵到，公司的工作人员却先报警了。警察赶到现场后，发现谢奇并没有过激举动，作了提醒后就离开了。谢奇表示，找不到陶峰，他会天天来。

晚上，陶峰主动给谢奇打了电话，表示可以调解，但是全安市某资产管理公司也必须派员参加。

三天后，在山北矛盾纠纷调解中心的组织下，谢奇、陶峰和全安市某资产管理公司一名代表在山北派出所参加调解会议。

经过一番激烈的讨价还价，陶峰最后表示，其只负责退还直接与乐和家政公司签约的65万元，但需要等到下月月底，另外30万元由谢奇找转让的那家小公司退还，在65万元到达谢奇公司后，全安市某资产管理公司需退还5万元保证金。

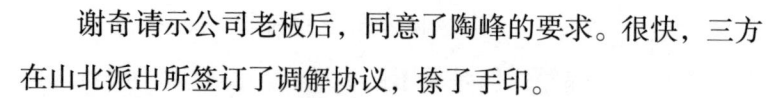

谢奇请示公司老板后，同意了陶峰的要求。很快，三方在山北派出所签订了调解协议，捺了手印。

出了山北派出所不久，谢奇就有点后悔了，早知道陶峰退还剩下的30万元不痛快，应该提前喊小公司老板过来一起进行调解。这后面还不知折腾出什么事情来，只怪自己一根筋，考虑不周。想到这些，谢奇赶紧给小公司老板陆兵打电话。

陆兵表示，公司现在资金周转困难，当时的30万元确实已经转给陶峰的公司了，有协议和收据为证，可以配合谢奇进行追讨。

随后的几天，陆兵配合谢奇给陶峰打电话，陶峰总是说不了几句就挂断电话。谢奇又去启胜物业公司堵人，人没堵到，倒被接警到场的民警提醒教育了一番。

时间一晃，一个多月又过去了。然而，纸上的约定并没有兑现，陶峰爽约了。

谢奇无奈地叹了一口气，拿着调解协议发呆，当他看到协议上陶峰的身份证号时，眼睛突然一亮。从陶峰的实际年龄来看，应该不小于40岁，但是身份证号上的年龄只有30岁。

于是，谢奇拿着协议去山北派出所，让民警对陶峰的身份证号码进行验证，结果查无此人，也就是说陶峰用的身份证号码是假的。

民警根据陶峰的姓名和电话号码等信息综合查证后，调取了陶峰的真实身份证号码,比对后发现陶峰将出生年份写小了10岁,其他号码是一致的。

一个人不太可能写错自己的出生年份,而且是写小10岁,谢奇认为,陶峰是故意为之。

针对陶峰不履行调解协议的问题,山北街道矛盾纠纷调解中心了解情况后,给陶峰打电话,要求陶峰履行协议内容,陶峰则以各种理由进行推脱,无果而终。

谢奇从山北街道矛盾纠纷调解中心出来后,给陶峰发信息,告知陶峰如果不退钱,就去法院起诉陶峰。陶峰则在回复信息中对谢奇破口大骂,有恃无恐地说"你尽管去告"。

没办法,谢奇又咨询了律师。律师看到调解协议后,当场指出协议中的漏洞——协议上只有启胜物业公司的公章,没有陶峰的签字。如果打官司的话只能找法人代表,但是有的公司为了规避责任,让根本不知情且不参与公司任何运作的人当法人代表,这会给后续的诉讼带来麻烦。

经律师提醒,谢奇查询到陶峰同时是七八家公司的高管,但不是启胜物业公司的法人代表,而且在两个月前已经不再担任启胜物业公司的高管。这个时间点,恰恰就在调解协议签订之前。

看来,陶峰是有意规避自己的法律责任。一旦打官司,他可以把自身的责任撇得干干净净,谢奇公司要承担五六万元的律师费不说,而且时间上也耗不起。

为此,律师建议谢奇找公安机关介入处置,帮助追讨损失，实在不行再进行诉讼。

在律师的建议下，谢奇再次来到山北派出所。山北派出所负责人会同山北街道矛盾纠纷调解中心又一次拨打了陶峰的电话，要求陶峰到山北街道矛盾纠纷调解中心进行调解处置。但是，陶峰仍然逃避见面。

诈骗案件立不起，诉讼又耗时费钱，老板催促尽快妥善办理，谢奇一筹莫展。

最终，谢奇在律师的帮助下向人民检察院申请立案监督，通过检察机关的介入，双方达成和解协议，谢奇所在公司挽回了损失。

警察普法讲堂

1. 民事欺诈和刑事诈骗，该怎么区分？

在司法实践中，这两者非常容易混淆，需要综合分析判断。比如，故事中陶峰的前期行为虽然有欺骗故意，但是仍然履行了办公场地的交付义务，属于民事欺诈行为。后期在公安机关介入调解后，在办公场地已被业主收回的情况下，有意采取退出公司高管层、使用假身份证号、不兑现协议承诺、逃避接触和辱骂当事人等行为，这多少有些非法占有的主观故意了，性质有可能从民事欺诈向诈骗犯罪转变。如果多次出现此类签约后拒不退款的情况，那可能就涉嫌刑事诈骗了。

总的来说，民事欺诈和刑事诈骗主要有以下四点区别：

一是行为目的不同。民事欺诈是真假掺杂，使对方作出错误的意思表示，以此谋取一定利益；刑事诈骗则是以非法占有为目的，通过虚假手段骗取他人财物。前者不存在非法占有他人财物的主观故意，后者则存在。

二是侵害对象不同。民事欺诈侵害对象可以是物权、债权或人身权，刑事诈骗侵害对象只能是财产所有权。

三是履约行为不同。民事欺诈具有不完全满足既定要求的履约行为，刑事诈骗完全不会有履约行为。

四是责任后果不同。一般来说，民事欺诈只承担民事赔偿责任，刑事诈骗不仅要承担民事责任，还要受到刑事法律的制裁。

2. 对公安机关不予立案的决定不服，该怎么办？

公安机关不予立案，分为行政案件不予立案和刑事案件不予立案两种，具体情形如下：

（1）关于行政案件不予立案。根据《公安机关办理行政案件程序规定》第61条第1款第3项规定，对不属于公安机关职责范围的事项，在接报案时能够当场判断的，应当立即口头告知报案人、控告人、举报人、扭送人、投案人向其他主管机关报案或者投案，被告知方对口头告知内容有异议或者不能当场判断的，应当书面告知，但因没有联系方式、身份不明等客观原因无法书面告知的除外。

报案人等认为不予立案决定侵犯其合法权益的，可以在收到告知书之日起60日内申请行政复议；对行政复议决定不服的，可以依法向人民法院提起行政诉讼。

（2）关于刑事案件不予立案。根据《公安机关办理刑事案件程序规定》第178条、第179条规定，公安机关接受案件后，经审查，认为没有犯罪事实，或者犯罪事实显著轻微不需要追究刑事责任，或者具有其他依法不追究刑事责任情形的，经县级以上公安机关负责人批准，不予立案。对有控告人的案件，决定不予立案的，公安机关应当制作不予立案通知书，并在3日以内送达控告人。

控告人对不予立案决定不服的，可以在收到不予立案通知书后7日以内向作出决定的公安机关申请复议；公安机关应当在收到复议申请后30日以内作出决定，并将决定书送达控告人。控告人对不予立案的复议决定不服的，可以在收到复议决定书后7日以内向上一级公安机关申请复核；上一级公安机关应当在收到复核申请后30日以内作出决定。对上级公安机关撤销不予立案决定的，下级公安机关应当执行。案情重大、复杂的，公安机关可以延长复议、复核时限，但是延长时限不得超过30日，并书面告知申请人。

此外，根据《刑事诉讼法》第113条规定，还可以向人民检察院申请立案监督，被害人认为公安机关对应当立案侦查的案件而不立案侦查，向人民检察院提出的，人民检察院应当要求公安机关说明不立案的理由。人民检察院认为公安机关不立案理由不能成立的，应当通知公安机关立案，公安机关接到通知后应当立案。

《公安机关办理刑事案件程序规定》第182条对公安机关配合人民检察院立案监督作了具体规定：对人民检察院要求说明不立案理由的案件，公安机关应当在收到通知书后7日以内，对不立案的情况、依据和理由作出书面说明，回复人民检察院。公安机关作出立案决定的，应当将立案决定书复印件送达人民检察院。人民检察院通知公安机关立案的，公安机关应当在收到通知书后15日以内立案，并将立案决定书复印件送达人民检察院。

一般来说，向人民检察院申请立案监督，需要的材料有立案监督申请书、不予立案通知书复印件、申请人身份证明材料等，相关检察院网站有具体要求。立案监督申请书可以找专业律师代写，也可以根据网上提供的模板修改。

3. 签订合同时，该怎么防止被骗？

实践中，一旦涉及合同纠纷或者合同诈骗，维护合法权益将变成一件迁延日久且又劳心费力的事情。

为防止麻烦和困扰，签合同前一定要做好多方面的准备，结合上述故事中谢奇的经历，在此提以下三个建议：

建议一，树牢风险意识，做好详尽调查。签合同前，做好实地摸排了解、市场行情调查及价格比对，最好找靠谱的第三方进行咨询，务必心中有底。千万别被对方过于优惠的价格与条件，以及所谓的"机会千载难逢"之类的说辞扰乱心神而仓促签约，牢记欲速则不达。

建议二，压减合同参与方，避免利益纠缠不清。合同涉及多个利益参与人，特别是产权、债权含混不清的，要持谨慎态度，最好找权责单一且产权、债权清晰的来签合同，防止发生利益纠葛时剪不断、理还乱，误时误事、得不偿失。

建议三，学习法律知识，规避可能存在的陷阱。通过书籍、互联网等提前学习所在行业的法律知识，特别要学习典型案例和判例，多与同行、同事、朋友等交流经验教训，必要时向专业律师咨询请教，为守护好自身合法权益打好基础。

后 记

"一千个人眼中有一千个哈姆雷特",再高明的画师也不可能画出一棵树的所有特征。警察是处理尖锐矛盾和纠纷最前沿的职业之一,面对的是纷繁复杂的人间百态,笔者能力有限,不能描述其于万一,然心向往之。

处理同样的案(事)件,不同的警察采取的方式方法不可能完全一样,但背后坚守的法治理念应该是相融相通的。本书以一名普通人民警察的视角,针对大众日常社会生活中可能遇到的涉警安全事项,归纳提炼了思考应对的一般措施或意见建议,以期传递出依法、理性、文明、平和的处理问题理念,帮助您维护好合法权益,共同捍卫法律权威,守护向善向好的法治环境。

书中每一个案事例,或多或少都有笔者及身边同事经历过的案事件的影子,笔者也力求深入浅出地以平实的语言进行剖析。如果书中能有一个案事例或者一句话,能够让您有所警觉和触动,必将是笔者莫大的荣幸和满足!

鉴于公安工作实操性非常强,与我们打交道的是活生生的人,任何微小因素的变动都可能导致事态往不同的方向发展。同时,受个人能力水平所限,有些意见建议难免存在过于简化、深度不够的问题。因此，在此特别强调：在您处理矛盾纠纷和案事件时，请务必因时、因地、因情势进行灵活机变处理，千万谨记不要机械照搬，防止造成意外损害。

本书在创作过程中，得到了重庆市公安局、重庆市公安局南岸区分局相关领导和同事们的大力支持，他们都是优秀且值得敬佩的公安人，是他们的关心、指导和帮助，以及集体智慧的加持，让我能够有所沉淀，最终得以成稿（本书若有任何不当之处，均是本人认知局限造成，责任由本人承担）；得到了重庆市社科联、重庆市南岸区社科联、重庆市公安局文联、重庆市南岸区警察协会的大力指导和帮助，促成本书创作纳入"重庆市社会科学规划科普项目"，让我在社会面普法方面作了有益的尝试；得到了爱妻、爱女、爱子的鼓励和温情陪伴，他们是我的温馨港湾和第一支持者，让我有了坚持写下去的不竭动力；得到了父母、岳父母之恩的滋养，他们处事的勤勉笃实让我受益颇多，他们忘我无私的付出让我心怀歉疚，无以为报。"雷霆和雨露，一例是春风"，感恩所有遇见和即将遇见的人。

故事是生活的比喻，安全是最真的祝福。谨以此书致敬所有热爱生活、坚守公平正义的人们！

图书在版编目（CIP）数据

生活警事指南：守护您的美好生活 / 于进勇著. -- 北京：中国法治出版社，2025.7. -- ISBN 978-7-5216-5365-6

Ⅰ. D920.4

中国国家版本馆 CIP 数据核字第 2025YU0664 号

责任编辑：秦智贤（qinzhixian@zgfzs.com） 封面设计：杨鑫宇

生活警事指南：守护您的美好生活
SHENGHUO JINGSHI ZHINAN：SHOUHU NINDE MEIHAO SHENGHUO

著者/于进勇
经销/新华书店
印刷/三河市国英印务有限公司
开本/880 毫米×1230 毫米　32 开　　　　　　印张/7.125　字数/82 千
版次/2025 年 7 月第 1 版　　　　　　　　　　2025 年 7 月第 1 次印刷

中国法治出版社出版
书号 ISBN 978-7-5216-5365-6　　　　　　　　　定价：35.00 元

北京市西城区西便门西里甲 16 号西便门办公区
邮政编码：100053　　　　　　　　　　　　　　传真：010-63141600
网址：http://www.zgfzs.com　　　　　　　　　编辑部电话：010-63141798
市场营销部电话：010-63141612　　　　　　　　印务部电话：010-63141606

（如有印装质量问题，请与本社印务部联系。）